英语翻译理论与应用型翻译人才培养研究

陈秀春　著

北京工业大学出版社

图书在版编目（CIP）数据

英语翻译理论与应用型翻译人才培养研究 / 陈秀春著. 一 北京 ：北京工业大学出版社， 2018.12（2021.5 重印）
ISBN 978-7-5639-6660-8

Ⅰ. ①英… Ⅱ. ①陈… Ⅲ. ①英语一翻译理论一研究 ②英语一翻译一人才培养一研究 Ⅳ. ① H315.9

中国版本图书馆 CIP 数据核字 (2019) 第 022914 号

英语翻译理论与应用型翻译人才培养研究

著　　者：陈秀春
责任编辑：李俊焕
封面设计：点墨轩阁
出版发行：北京工业大学出版社
（北京市朝阳区平乐园 100 号　邮编：100124）
010-67391722（传真）　bgdcbs@sina.com
经销单位：全国各地新华书店
承印单位：三河市明华印务有限公司
开　　本：787 毫米 ×1092 毫米　1/16
印　　张：11
字　　数：220 千字
版　　次：2018 年 12 月第 1 版
印　　次：2021 年 5 月第 2 次印刷
标准书号：ISBN 978-7-5639-6660-8
定　　价：48.00 元

前　言

英语作为世界通用语言，在国际政治、经济、文化等各方面的交流中发挥着重要的作用。尤其是随着中国综合国力的不断增强以及全球化趋势的不断深化，中国与世界各国的交流越来越密切。同时，中国文化的传播也需要借助翻译来实现。在现代社会中，英语已经成为人们所必须掌握的一门语言，英语翻译也成为人们应用英语进行各项活动时所不可或缺的技能。

一方面，英语翻译有着深厚的研究历史和丰富的理论基础，这些都为更好地实现翻译，提供了重要的理论指导。因此，对于英语翻译者来说，要充分掌握英语翻译的相关理论，为翻译出理想的译文打下良好的基础。

另一方面，英语翻译是一项实践性较强的活动。脱离实践的理论再多也是枉然，我国的英语翻译教学也存在着“重理论、轻实践”的弊端，这就导致我国英语翻译人才在实践能力上表现出一定的欠缺。针对这种情况，英语翻译教学理应顺应社会对于英语翻译人才的广泛需求，加强应用型翻译人才的培养。

对于我国的学生来说，在英语翻译实践中，经常出现这样或那样的问题，从而导致翻译不理想甚至失败。这主要就是由于其对于英语文化以及英语翻译技巧与策略掌握不足。因此，对于应用型翻译人才的培养来说，应从以下方面入手：英汉对比翻译、翻译审美、翻译技巧、口译能力、笔译能力。同时，也要构建符合应用型翻译人才培养需求的教学模式。只有这样，才能够真正实现对应用型翻译人才的培养。

本书共 8 章，22 万字，由广东工业大学华立学院陈秀春撰写。为了保证内容的丰富性与研究的多样性，笔者在撰写本书过程中参阅了大量关于英语翻译理论与教学等方面的相关研究资料，在此对涉及的专家学者表示衷心的感谢与深深的敬意。最后，由于笔者水平有限，时间仓促，书中难免有疏漏和不妥之处，恳请读者批评指正。

目 录

第一章　绪　论

英语翻译是一项常见的活动，不同语言的人要实现交流，就需要进行翻译。英语翻译有着丰富的内容，包括概念、类型、标准、过程、要求等。无论是在中国，还是在西方，翻译都有着悠久的实践和研究历史。要深入理解和研究英语翻译，就必须厘清这些内容。此外，在英语翻译的实践中，还会遇到一些基本问题，这也是英语翻译所需要了解和明确的。

第一节　英语翻译概述

一、英语翻译的概念

翻译一词既简单又复杂。说它简单，是因为我们生活中随处可用到，如英译汉或者汉译英。说它复杂，是因为“翻译”这个词有多层的含义。“翻译”可以是动词，意思是把一种语言文字的意义用另一种语言文字表达出来；可以是名词，指的是把一种语言文字转换成另一种语言文字的活动；也可以指一种现象，或者一种职业。

翻译在英语中的对等词是“translation”，该词来自拉丁文“translatione”。而“translatione”一词又是从“transferre”的被动分词“translatus”演变而来的。“transferre”由两部分构成，即“trans”和“ferre”。“trans”的意思是“跨越”“穿越”“从一边到另一边”（across），“ferre”的意思是“搬运”或“携带”（to carry or to bring）。因此，该词最初的意思是“从一边搬运到另一边”（carrying across 或 bringing across）。

了解了其起源，我们就不难理解何谓“翻译”了。所谓“翻译”就是把一种语言表达的信息用另一种语言表达出来，实现“语言上的跨越”，或在两种语言之间架起一座“桥梁”。其中一种语言称为“source language”（“原语言”“源语言”或“译出语”），另一种语言称为“target language”或“receptor language”（“译入语”或“接受语”）。

翻译是把一种语言表达的意义用另一种语言传达出来，以达到沟通思想情感、传播文化知识、促进社会文明，特别是推动译语文化兴旺昌盛的目的。

翻译有广义与狭义之分。广义的翻译包括语言与语言、方言与民族共同语、方言与方言、古语和现代语、语言与非语言（符号、数码、体态语等）之间的信息转换。这个概念的外延是相当宽泛的，它包括不同语言间的翻译、语言变体间的翻译和语言与其他交际符号的转换等。广义的翻译主要强调“基本信息”的转换，不强调“完全的忠实”。广义的翻译也叫作“符际翻译”（intersemiotic translation）。

狭义的翻译一般是指“语际翻译”（interlingual translation），亦即用一种语言符号解释另一种语言诸如英译汉、汉译英、法译英等不同语言之间进行的翻译。狭义的翻译是一种语言活动，“是把一种语言表达的思维内容忠实地用另一种语言表达出来的语言活动”。这个定义强调“翻译是一种语言活动”，确定了狭义翻译的性质，表明它是人类多种交际方式中语言交际的沟通。

英汉翻译就是把英语所表达的思维内容忠实地用汉语表达出来的语言活动，它包含着一个对原文含义的理解逐步深入，对原文含义的表达逐步完善的过程。

二、英语翻译的类型

（一）按语言分类

1. 语内翻译

语内翻译指“同一种语言的一些符号对另一些符号做出的阐释”。方言与民族共同语、方言与方言、古代语与现代语、英语词典上的英语解释，这些语言之间的转换都属于语内翻译。我国有七大方言区，不同地区和时代使用的语言都不一样，为了了解他们之间的关系，我们必须要有语内翻译。

2. 语际翻译

语际翻译或者严格意义上的翻译是指一种语言的符号对另一种语言符号所做出的阐释，也就是我们现在所说的汉语和韩语、德语、英语、阿拉伯语、西班牙语、葡萄牙语等语言之间的互相阐释。

（二）按文体分类

①应用文体翻译。应用文是人类在长期社会实践活动中形成的一种文体，是人们传递信息、处理事务、交流感情的工具。它的种类非常广泛，包括请

假条、申请书、感谢信、会议总结、各种通知等，并且每一种应用文都有自己固定的格式。

②科技文体翻译。科技文是说明性质的文章，内容上一般要说明一件物品，或者是介绍一个过程，或是陈述一项发现，或是传播一种思想，或是教给一门知识等，这类文体的主要内容可分为说什么、是什么、怎么做、为什么等方面。

③论述文体翻译。论述文是说服劝导读者同意作者观点的一种说理性文章，其中包括政论文、评论文、感论文。

④新闻文体翻译。新闻文体包括新闻报道、新闻评论等。

⑤艺术文体翻译。艺术文体主要包括介绍和评论绘画、音乐、舞蹈等的文章。

（三）按处理方式分类

①全译。全译指完整地将外文译入目的语，对中国人来说就是现代汉语了。

②节译。节译即挑选因某种特定原因所需要的、或受他人指定的、或译者本人最感兴趣的部分并将其译入目的语。

③摘译。摘译指把文章的要点和主要内容译入目的语。

④编译。编译即不是严格地按照原文翻译，而是选择性地翻译，再加上翻译者个人的一些创作来译入目的语。

⑤译述。译述指不严格按照原文翻译，而是对原文的内容加以叙述。

三、英语翻译的标准

人类有众多的语言，按照不同的人类群体，分为不同的语群。虽然人种、肤色、国籍、民族、语言、地缘等不同，但人类作为一个整体，具有很多共性。因为人类共存于同一个地球上，人的生理条件、生活需要、思维规律、感情色彩、道德倾向等大致是趋同的，人们对自然环境和社会活动有着某些共同的体验，因而产生某些相同或相似的思想或概念。人类的各种语言也都是人类在自身的进化和在社会活动中产生并发展的，也都遵从人类共同的认识规律和活动规律，因而也具有很大程度的共性。如英汉两种不同语言的许多词语、句子的所指，常常反映客观世界的同一事物或同一现象，体现相同的语言功能。人类这种思维和概念的共性以及不同语言之间的共性，奠定了人类各语言之间沟通的基础，为其间的互译提供了可能。所以，语言是可译的。

但是，由于人类语言之间存在着很大的差异，语言的翻译是有局限的。如语言中的许多讥诮话、习惯语在翻译中只能译出大意，其中的语言色彩无法全部再现。

美国翻译理论家奈达主张把翻译的重点放在译文读者的反应上，即把译文读者对译文的反应和原文读者对原文的反应做比较。他认为："翻译的实质就是再现信息。"他主张："衡量翻译质量的标准，不仅仅在于所译的词语能否被理解，句子是否合乎语法规范，而且还在于整个译文使读者产生什么样的反应。"根据奈达的理论，翻译的"绝对一致"是不可能的，那只是一种理想而已，所以译者在翻译时应当寻求"对等语"，而不是"同一语"。他还要求译者去寻找"最贴近的对等语"。

目前翻译界普遍接受的翻译标准是"忠实、通顺"。忠实指的是忠实于原文，译者必须准确而又完整地把原文的思想及内容表达出来，不可擅自增删或变意，要尊重作者在叙述、说明和描写过程中所反映的思想、观点、立场及个人感情，不要凭着个人好恶去肆意歪曲，要"保存着原作的丰姿"。通顺指的是译文的语言必须规范、通畅、易懂。

四、英语翻译的过程

（一）翻译的准备

1. 了解作者信息

对于作者，需要弄清楚他的简略生平、生活时代、政治态度、社会背景、创作意图、个人风格等。比如若要翻译某位作家的一篇小说，为了获得有关作者的一些基本信息，可以阅读作者的传记、回忆录，或者别人写的评传，或者研读文学史、百科全书、知识词典等，还可阅读用汉语解说的相同辞书。

2. 了解背景信息

背景知识是指与作品的创作、传播及与作品内容有关的知识；超语言知识按语言学的定义指交际行为的环境、文章描述的环境及交际的参加者等。两个概念的外延合起来大约涵盖了前辈翻译家说的"杂学"。

（二）翻译的实施

1. 理解

理解是翻译过程的第一阶段。理解可分为广义理解和狭义理解。广义理解指对原文作者的个人、原作产生的时代背景、作品的内容以及原作读者对该作品的反映。狭义的理解仅指对原作文本的理解。在这一阶段，要反复研读原作内容，弄清原作题材、文体、作者的写作态度和作品主旨，并借助词典，弄清楚那些不太熟悉的诸如人名、地名、历史事件名称、科技术语的翻译等。

不能一拿到原作便下笔翻译，因为不研读原文便下笔翻译必定会产生以偏概全、译文不自然、欠通顺、前后不统一等问题。准确的翻译必须基于对原文的正确理解基础之上。理解是翻译的基础，是翻译的前提。只有理解了原文，才能进行翻译，也才能保证质量。这种理解主要包括语法分析、语义分析、语体分析和语篇分析，通过这些分析，弄懂原文的语言难点、原文内容的逻辑关系、上下文的关联、民族的文化传统和背景知识等，翻译才会成功。

2. 表达

表达是翻译过程的第二阶段。在这一过程中，译者要注意恰到好处地再现原作的思想内容和语体色彩，使译文既忠实于原作又符合译入语的语法和表达习惯。要做到这一点，译者就必须在选词、组词成句、组句成篇上下功夫，在技巧运用上下功夫。表达时，还应注意避免过分表达和欠缺表达。所谓过分表达，就是指译文画蛇添足，增加了原文没有的东西；而欠缺表达则是省略或删去了不该省、不该删的原文内容。

3. 校核

校核是翻译过程的第三阶段。切不可认为校核是多余之举，因为优秀的译者总是十分重视校核的作用。通过校核，可以发现并改正自己犯下的错误，可以修改或润色译文，使译文的风格前后贯通，并使其与原文的韵味基本相符。

校核一般应注意以下几点：译文是否有误译之处，译文在人名、地名、时间、地点以及数字上有无差错或前后不一致的情况，译文中段落、句子以及关键词汇有无错漏之处，译文中段落分行有无不恰当之处，译文中的标点符号有无差错等。

五、英语翻译的要求

（一）良好的政治素养

善于运用正确的立场、观点和方法来分析研究所译的内容，以确保译文准确、恰当地传达原文的思想。例如在商务活动中，往往会涉及大陆、APEC等提法，对此，我们必须认真、谨慎地加以对待。如不可将大陆译为“Chinese mainland”，而应译为“the mainland of China”。

（二）高度的职业责任感

高度的职业责任感是指译者必须意识到自己肩负的使命，要有兢兢业业、一丝不苟的态度。对不明白或不熟悉的东西要勤查多问，不望文生义，不草率下笔。这不仅是对交流的双方负责，也是对自己负责。每一个翻译者都应牢记：翻译工作责任重大，稍有不慎，就可能带来不良的政治影响或巨大的经济损失，绝不可草率从事。

（三）较强的语言能力

1. 英语语言能力

较强的英语语言能力是英汉翻译的首要条件，是透彻理解原文的前提。若想提高英语语言能力，一方面要掌握必要的语法知识，另一方面要努力扩大常用词汇量。没有较好的语法知识，在英汉翻译时就不可避免地会出现理解错误，使译文不能忠实传达原文的含义。

2. 汉语语言能力

正确理解原文需要较高的英语知识，而自然贴切地表达则需要扎实的汉语功底。许多人往往忽视这一点，认为汉语是自己的母语，应付翻译中的表达问题绰绰有余，然而在英汉翻译实践中，常常会因为一个词语或句子的措辞而冥思苦想，半天也找不到一个满意的结果。

（四）较强的知识水平能力

知识水平能力是指译者应具备译入语和译出语的相关知识，只懂外语而不懂相关的专业知识，那么一些特殊的表达方式是译不好的。译者一方面需要懂得、熟悉专业的行话术语，另一方面要用通顺、流畅的语言，将相关的知识更好地综合起来并流畅达意地表达出来。

（五）较强的应用水平能力

应用水平能力指译者应具备较强的翻译能力，其中包括理解、选词、表达等综合能力。现在，英语学习界更强调学习者的阅读能力。英语阅读能力的提高虽然有助于翻译能力的提高，但二者是有差异的，并非同步，尤其是汉译英的能力水平，有的人学了十几年的外语，却连基本的句子也翻译不好，这并非是个别现象。鉴于此，应要求学习者进行大量练习，而且每次做翻译练习时要尽量选择无人打扰的时间与地点，以便集中精神、一气呵成。练习时选择的翻译材料最好有现成的优秀参考译文，这样就可在做完练习之后请教一下“老师”，使翻译能力得以提高。只有通过不断的实践才能真正提高译者的翻译水平。

第二节 中西方翻译理论研究

一、中国的翻译理论研究

我国有史记载的翻译活动始于公元初的东汉的佛经翻译，至今已有约两千年的历史。佛经翻译活动盛行于隋唐时期并造就了一批佛经翻译家，他们是三国时期的支谦、东晋的道安、六朝时代的鸠摩罗什、隋代的彦琮和唐朝的玄奘。玄奘13岁出家，唐太宗贞观二年去印度求学，17年后回国，带回佛经657部。他勤奋译经19年，不仅译出佛经75部1335卷，而且把我国的《老子》一书译成梵文，成为我国把汉语著作向国外介绍的第一人。

明末清初，我国翻译活动出现第二次高潮。当时的翻译活动主要是介绍西欧的科学。明代徐光启和意大利人利玛窦合作翻译了欧几里得的《几何原本》《测量法义》等科技著作。这时期的活动，对我国的民族资产阶级的萌芽，起到了积极的促进作用。

鸦片战争后，我国出现了西学翻译，清代林纾以翻译西方文学著作为主，译作有《巴黎茶花女遗事》《黑奴吁天录》等160多部文学作品。严复所译作品多为西方政治经济和科技著作，如《天演论》《原富》等，对我国的文化发展产生了积极的影响。

1919年的五四运动后，翻译成了马克思主义启蒙运动或思想解放的先导。当时，中国现代白话文正处于创建阶段，鲁迅、瞿秋白等新文化先驱大力提倡学习外国的新词语、新句法和新的表现手法来丰富现代汉语。鲁迅坚持“直译”，认为直译可以创造性地引进新的表现形式，以弥补早期白话汉语在思维与表达方面不甚精确的缺陷。在当时，《共产党宣言》等一批马列主义经典著作在我国传播开来；一批东西方各国优秀文化作品，尤其是苏俄的无产阶级文学作品，开始由鲁迅、瞿秋白、郭沫若等人介绍进来。这些为后来的中国革命做了充分的理论准备和思想准备。

1949年新中国成立，我国的翻译事业开创了一个新的历史时期，翻译工作为我国的社会主义建设和繁荣昌盛做出了重大的贡献。尤其是我国改革开放以来，中国希望了解世界，同时也希望被世界了解，我国的对外交往日趋频繁，翻译工作更显重要，翻译事业也得到了更大的发展。

翻译实践是与翻译理论的研究探索紧密相连的。我国的翻译理论有其独特的传统，常常把翻译方法消融在文学标准之中。支谦的《句法经序》是我国第一篇有关翻译的论文，最早涉及了一些重大的翻译原则。道安总结了比较完善的直译原则。鸠摩罗什是主张全面直译的第一人。玄奘曾提出了“既须求真，又须喻俗”的翻译标准，力求忠实与易懂并重。他的“五不翻”原则，总结了音译法规律。严复提出的“信、达、雅”，以“求信”为主，长期以来对我国译界发生了深刻的影响。鲁迅先生主张直译，但必须兼顾着两面：①力求易解；②保存原作的风姿。傅雷提出的“重神似不重形似和获致原作的精神”以及钱钟书提出的“化境”，有异曲同工之妙。据此，“案本、求信、神似、化境”，这四个概念，既是各自独立的，又是相互联系的，它们渐次发展，构成一个整体，从而形成我国翻译传统的一条主线。

二、西方的翻译理论研究

在西方，翻译已有两千多年的历史，西方的翻译活动始于公元前 3 世纪，当时是把《圣经·旧约》从希伯来文译为希腊文，后来是《荷马史诗》和大批希腊戏剧作品被译为拉丁文。

西方的翻译活动大致经历了以下四个阶段：

①公元 4—6 世纪。西方的翻译活动与基督教的发展密切相关。

②公元 11—12 世纪。由于基督徒与穆斯林对彼此的文化深感兴趣，大批作品从阿拉伯语译成拉丁语，从希腊语译成古叙利亚语，而西班牙的托莱多因翻译活动的繁荣成为欧洲的学术中心。

③公元 14—16 世纪。欧洲文艺复兴运动，是一场深刻的社会变革。思想、文学和艺术的革新，掀起了西方翻译的又一次高潮，而翻译活动的高潮，又推动了思想、文化和艺术的发展。这段时期的翻译活动深入到宗教、思想、政治、哲学和文学等众多领域。

④第二次世界大战结束以来。西方的经济与科学技术飞速发展，为翻译事业的繁荣提供了丰厚的物质基础与先进的技术条件。翻译深入科技、教育、艺术、商业、旅游等社会生活的各个方面；翻译成为一门吸引人的职业，众多受过专门训练的翻译工作者为人类语言文化的交流辛勤地工作。人们不仅对翻译科学、翻译艺术、翻译技巧进行深入细致的探讨，而且发展了机器翻译，利用人工智能协助交际，翻译在西方文明的发展中正发挥着越来越重要的作用。

在西方翻译史上形成了四种有代表性的翻译理论：

①语文学翻译法。产生于古希腊罗马时代，以传统的语文学为基础，着重篇章的主题结构和表现风格，尤其侧重于作者及其创作背景的参考作用，而不偏向译者的接受倾向。以《圣经》的翻译为主体，语文学理论中形成了以阿奎纳为代表的直译派和以哲罗姆为代表的非直译派之间的译争，从而开了“直译”“意译”之争的先河。

②语言学翻译法。20世纪60年代以卡特福德为代表，系统论述现代语言学对于翻译的理论意义。其直接基础是源语与目标语之间的结构对比的语言研究，旨在为两种语言之间找到以表层结构为主体的一系列对应转换规则，但有忽视文本深层语义关系和话语交际功能的倾向。语言学理论作为现代翻译理论的开端有打破传统翻译的功绩。

③交际学翻译法。交际学翻译法又称信息论翻译理论，运用信息交际理论和模式，包括信息源、受体、反馈、信息传道、传递手段等说明翻译过程，注重翻译中的信息效果和多余信息问题的研究。以奈达的研究为代表，力求把翻译纳入语言交际和信息传递的视野予以观照，并把重点由作者及原文本移向译文本的读者的反应。

④社会符号学翻译法。为了弥补交际学翻译法缺乏广度和深度的缺陷，奈达等人于20世纪七八十年代又提出翻译研究兼顾文本词语、话语结构意义和人体动作与各种物象的象征意义和联想意义，渴望有更广泛的理论涵盖面和更强的文化解释力。西方的翻译理论得力于经典文本的多次重译和广泛传播，得力于语文、文法、语言学等的科学研究成果，可以说及早地走出了经验的层面，获得了较强的科学性的品质。

第三节 翻译的基本问题阐述

一、翻译的文化问题

语言是文化的一部分，又是文化的反映。语言忠实地反映了它所属的社会与文化。语言不能脱离文化而存在，语言和文化相互作用、相互影响。

一个民族的语言面貌是由该民族的文化所决定的，它是民族文化的一种表现形式。民族文化的价值、观点、准则、习俗等都在民族语言之中烙下深深的印迹。文化主要是通过语言来记录和反映，因此语言成为一套记录文化的符号系统。换句话说，语言是文化的载体。文化的传播、学习、交流、保存和继承乃至文化传统的形成都要依赖语言，这就使文化不可避免地要受到语言的制约和限制。

语言既是整个文化的产物和结果，又是形成并沟通文化其他成分的媒介。一个社会的语言是该社会文化的一个方面，语言和文化是部分与整体的关系，语言作为文化的组成部分，其特殊性表现在“它是学文化的主要工具，人在学习和运用语言的过程中获得整个文化”。任何语言都是用以表达文化的，其背后都潜藏着文化。不同的语言要素反映着不同的文化属性，寓示着不同民族文化心理和不同的文化世界。所以，语言是文化的一部分，又是文化的反映，语言不能脱离文化而存在，语言和文化相互作用、相互影响。同时，语言是学习文化的工具。

作为文化的一部分，英语和汉语之间存在着很多相同的表达方式。虽然英语和汉语各有自己的文化背景，但由于人类的生活方式、思维方式和思想感情基本上是相同的，因此，不同民族的人们观察事物以及表达思想感情的方式也有很多相似之处，甚至有些是不约而同的巧合，在英语和汉语之间可以找出很多这样的例子。当然，英语、汉语这种对应的说法在整体中只是极个别的巧合，可以说是“可遇而不可求”。如遇这种情况，一般都可以互译，保留原文文化色彩。

英语和汉语分别属于两大不同的语系，所以英语国家的文化背景与我国文化背景有很多不同之处。英语反映英语国家（主要是英国和美国）的文化现实，汉语反映中国的文化现实，所以，英语、汉语在各自的语言系统中鲜明地反映自身文化的特点。

二、翻译的直译与意译问题

直译与意译一直是一个争论不休的问题。在有些情况下，直译和意译不构成翻译问题。如“I like the movie”译成“我喜欢这个电影”就没有直译和意译之争，因为直译和意译完全是一回事。但由于英汉语言间差异非常大，译者往往会面临两种选择，一个句子可以直译也可以意译。在这种情况下到底采取直译法还是意译法就会引起人们的争论。当然，不同的人在用这两个概念时所指可能会十分不同，有些人认为逐字翻译为直译，但大部分人都认为直译并不一定要到“逐字”翻译的地步。一般来说，比较遵照原文语言结构的译法就是直译，而脱离原文语言结构的束缚，只译意思的译法可称为意译。逐字翻译、直译、意译和解释翻译之间并没有十分清楚的界限，但将直译和意译这两个概念用来讨论翻译还是很有用的。比如下面这句话既可直译也可意译：“The Negro lives on a lonely island of poverty in the midst of a vast ocean of material prosperity.”有人译成：“黑人依然生活在物质富裕的汪洋大海中贫乏的孤岛上。”这是比较接近原文的直译法，用了和原文相同的形象，如“物质富裕的汪洋大海”，其优点是保留了原作者的比喻。但恰恰是由于不肯割舍比喻，结果在可读性方面就差了些，不仅行文比较别扭，而且“汪洋大海”这个常有负面含义的比喻和“物质富裕”放在一起也显得很不协调。这时，多一点意译成分就可避免直译的弊端：“黑人仍生活在贫困的孤岛上，尽管放眼四周是一片繁华景象。”这个译法增加了可读性，当然其不足之处是没有反映出原文的比喻。再如："The Negro is still languishing in the corners of American society and finds himself an exile in his own land." 这句有人译成"黑人依然在美国社会的角落中饱受痛苦，并发现自己是自己国土上的流亡者。"这是比较贴近原文的直译法，特别是后半句照搬了原文的语言结构，结果可读性自然就差些。增加意译成分似可提高可读性："黑人仍然在美国社会的角落里过着痛苦的生活；美国虽是他们的家园，而他们却感到流落异乡。"译者做了语境的解读，因此翻译时就有了更大的自由度。又如："But if you look back at the sweep of history，it's striking how fleeting supremacy，particularly for individual cities." 可译成"然而如果我们对历史稍做回顾，便会惊觉尘世的霸权地位是多么的变动无常，尤其是一座座的城市"。但这种比较直的译法在可读性上并不得分。意译可以使意思更清楚，并增加可读性："然而你若纵观历史，便会惊觉鼎盛繁华转瞬即逝，城市的兴衰更是弹指间的事。"但是意译并不等于肆意改动、添油加醋，比如下面的译文就有过度诠释之嫌："回首风云变幻的人类历史，你会感到任何辉煌的事物都如昙花一般转瞬即逝，特别是城市更容易被历史湮没。"译文中的"风云变幻""昙花一般""被历史湮没"都是不当的添加，虽然并非完全是言外之意，但放在句中反而繁复累赘，失去了译文的简洁。

直译的缺点显而易见，它常使译文读起来吃力，所以大多数人都不主张把直译作为翻译的主要手段，只是在一些特殊的文本中酌情使用直译。但也有人给予直译更高的地位，如翻译理论家纽马克就颇认同直译这个概念。他的观点是基于他自己在印欧语言之间翻译的实践，并不一定适用于英汉翻译。在英汉翻译领域，尽管直译应该有其一席之地，但广为大众接受的译文几乎很少是以直译为主要手段的。

意译虽然被大多数译者采用，但有时它也会带来一些问题。意译超出了限度就会扭曲原文的意思，把原文没有的意思加到译文中。一般来说，如果原文的意义不是通过语言形式表达的，那么意译不会丧失意义。但如果原文的意义有一部分是通过语言形式本身表达的，则意译往往会抹掉那些由形式附带的意义。上述说法在理论上是正确的，但在英汉翻译实践中也可能行不通，比如有些文学作品中的意义是通过语言手段表达的，本该用直译法表达才可反映出语言形式所载的意义。但英汉语言差别很大，照原文搬过来的译法在印欧语言间也许可以接受，在英汉翻译时汉语不能接受这类表达法，因此有些中国学者主张在翻译文学作品时应多用意译。刘宓庆也将诗歌之类的文学作品放到不求字面对应，但求保证可读性一类，认为有时必须完全意译方能达意。这种主张与西方理论家们将文学作品列入表情类，应采用直译的理论似略有不同。其实文学作品也不能一概而论，有些作品适合多用直译，有些则适合多用意译，要因文本而定。

英汉翻译中有些句子显然应该用直译，有些则只能用意译。面对这些显而易见的情况，译界往往没有争议，直译和意译常常确实是交替使用的，相互可以取长补短。但翻译实践中还常会遇到一些既可直译，也可意译的情况，这时到底取直译，还是取意译就会成为一个问题，如“A man may usually be known by the books he reads as well as by the company he keeps，for there is a companionship of books as well as of men.”这句话有人采用比较直的译法译成:“人往往可以从一个人所交往的朋友以及所阅读的书去猜他的为人。这是因为人与人之间有友谊，同样的，人与书之间也有书谊。”但有的译法意译成分较多：“所谓欲知其人，先观其友，从一个人读什么书也能了解一个人，因人不仅能与人为友，还能与书为友。”上面两句虽然都有些值得进一步推敲的地方，但都是中文读者可以接受的。这就引出了一个问题，如果两种方法都可以，到底用哪一种？回答这个问题必须从更大的范围着手，孤立地谈直译和意译实际上没有多大价值。一个句子到底应直译还是意译，往往要考虑到文本、读者，甚至翻译目的等因素，没有一个成不变的定理。北京大学辜正坤教授在讨论文学翻译时，对直译和意译有一段十分精彩的论述，概括得很全面：“直译、意译，各有千秋，译者依据功能、审美、读者三要素，宜直译就直译，宜意译就意译，能神游于规矩之内，亦能神游于规矩之外，能循规蹈矩，亦能叛道离经，方称得上翻译的行家里手。”

但有一点应该特别牢记，当今英汉翻译活动的主体并非文学翻译。在经济、科学、新闻、政论等文本中，语言形式不是关键的因素，译文就应尽量保持译入语的特色。在英汉翻译中发挥中文的优势始终是译者要努力的方向，这一点在当今全球化的大背景下尤为重要。因此，假如直译法有悖汉语行文习惯，造成翻译腔，译者就应该采用意译法。换句话说，在大多数情况下，略偏重意译仍然是应该提倡的。不过，对于较正式的文本，如政、经、法方面的文件等，不过度偏离原文的译法仍然会频繁使用。

三、翻译的作者与读者问题

如果译文以原作者为中心，则可能反映出原文的一些行文特色；如果译文以读者为中心，则可能发挥译入语的优势。原则上讲，不应以原作者为中心，但这也要看原作者是否重要。个会议记录的作者和一个获奖文学作品的作者就不能说同样重要。大部分文本的作者都应该“隐藏”在文本背后，不应该在文本中显露出来。一篇电脑软件的使用说明、一个法律条文、一则食品广告等，都不会呈现原作者的“影子”，也就是说，读这些文本后读者看不出作者为何人。但有些文本则可能“文如其人”，一读作品，读者马上就会感到与众不同，遣词造句，甚至布局谋篇都有原作者留下的痕迹。因此，一般认为如果文如其人，译者除了翻译原文的内容外，也有必要使译文也能文如其人。而大部分西方翻译家们都认为在译文中保留原文的语言形式是使译文文如其人的方法。但也有人认为相对等的语言形式在译文中不一定起到同样的效果，而主张用符合译入语的相似语言形式来达到文如其人的效果，如果这样做不到的话，也就只好把它归入翻译的不可译性。我们并不绝对排除有时以原作者为中心会是译者所应采取的方法，但这种译法所占的比例是相当小的。翻译的总原则是以读者为中心，这一点在英汉翻译中尤为突出。

四、翻译的原作者写作与译者翻译问题

人们动笔写作一般都有目的，不论是原作者还是译者总是为了某一目的而动笔的。在大多数情况下，原作者的目的和译者的目的基本一致。用英文写电脑操作过程的人是为了让顾客了解如何操作电脑，翻译这个操作过程的译者也是为了让不懂原文的顾客了解如何操作电脑，所以原作者和译者目的相同，都是要将信息准确地传达给读者。一则服装广告的作者希望用广告影响顾客的行为，使看了广告后的顾客会花钱买产品；一个译者翻译同一则广告的目的也是为了影响顾客，促进消费。一份经济合同的作者希望合同能成为某项经济活动的基础，翻译这个合同的人也希望不懂原文的人能看懂原文的内容，以便使合同中的经济活动可以展开。一则交通广告的作者希望用广告将有关交通的信息告诉大众，同一则广告的译者也有相同的目的。因此，大部分翻译工作的目的和原文写作的目的相同，这些文本有一个特性，即都是为一个非常实用的目的而写，翻译的目的也十分实用。但不是所有翻译的目的都和原作目的相同，如诗人写一首诗可能是为了表达自己的情感，译者将诗直译成中文，以便进行英汉语言对比，译者的目的就和原作者不一样。例如，戴高乐在“二战”时的一些讲话有鼓舞士气的目的，半个世纪后戴高乐的讲话已成历史文件，翻译这些讲话就不是为了戴高乐原来的目的。这就引出不同目的、不同读者和不同译文的问题。由于译者的目的和服务对象会和原文的目的和对象不同，所以同一个原文有几个不同的译文是完全正常的。《圣经》写作的目的是要将上帝的话传给世人，但写作时用的语言不是以儿童为对象，有人将《圣经》译成儿童语言，读者对象不同，但目的依然如故。为了适合不同读者群，用不同的文体来译同一个原文应该得到允许。一首英文诗可译成五言诗，供喜爱唐诗的人欣赏；也可译成词曲，供喜爱词曲的人

欣赏；更可译成现代诗，供喜欢白话诗的人欣赏。译者服务对象不同、目的不同，译文也可以迥异。但也有人不同意上面的看法，认为原作只有一个，译文也只应该是一个，不应该千面千腔，最终在译文中找不到原作的影子。然而翻译毕竟有其局限性，很多文化内涵强的作品一旦完成，就很难恢复其原貌，因为时过境迁，作品依旧，但作品存在的环境变化了。同一语言文化已如此，何况跨语言文化的翻译。因此，翻译文化内涵强的作品从来都有侧重，因为译者服务的对象不同，翻译的目的不同。

分析了这几对概念之后，我们对“原文的意思在译文中表达出来”就有了一个理性的认识。这些概念从不同的角度切入，讨论翻译的核心问题。虽然角度不同，但都落实到同一个焦点上，即如何将原文的意思在译文中表达出来。了解了这些基本概念后，我们就会更清楚地认识那些五花八门的翻译标准和原则。这些标准和原则是不同的人从不同的角度，在不同的时空里，对同一问题的解决之道。它们一方面反映了标准设立者在翻译研究上的聪明才智，另一方面也反映了他们在翻译研究中左右为难的境遇，因为翻译本身就是一件令人左右为难的事。不同的人有不同的理论，依照有些理论从事翻译实践，译出来的文章有原文的影子，但依照另一些理论从事翻译实践，译出来的文章完全像译入语。原文的影子在译文中可浓，可淡，可无。有人主张在译文中保留一些“异国情调”，有人则主张用地道的译入语。这之间如何把握、如何拿捏不仅在理论上有着重要的概念，在实践中也是需要倾注大量的精力去研究。

第二章　中西语言文化对比分析与翻译

文化是一种社会现象，是人们长期创造形成的产物；同时又是一种历史现象，是社会历史的积淀物。语言作为一种特殊的文化现象，中西方语言文化都有各自的独特性。伴随经济全球化进程加快，通信技术以及经济全球化的迅猛发展改变了人们的时空观念，跨文化交际已成为人们日常生活中不可分割的一部分。然而，在现实中不难发现：跨文化交际中，中西方人们在运用语言的能力上仍有欠缺，从而造成了一定的沟通障碍。在全球化进程中，在西方普遍性话语的主导下，中国文化不能淹没或同质化在西方文化的价值观中。跨文化交际中文化是相互影响和渗透的。

第一节　中西语言的对比

一、语音上的对比

英语本是字母语言，汉语拼音与英语音标中存在一些共通之处，所以教学过程中不用面面俱到，只需讲解其中的不同即可。如汉语拼音分为声母和韵母，而英语音标中却是元音与辅音。韵母相当于音标中的元音，单韵母可与单元音对应，特例是英语中没有 u 的音，应作为重点强调；复韵母大致可与双元音对应，但复韵母发音多一步到位，而不像双元音那样从一个音节滑向另一个音节。

前鼻韵母和后鼻韵母可与辅音中的三个鼻音对应运用。声母大体可与辅音对应，但辅音中没有“j，q，x；z，c，s；zh，ch，sh，r”三组音。这些拼音中有、音标中却没有的音就是教学重点。同时应该告诉学生：汉语中没有重读音节、没有爆破音，也没有浊化现象，即每个拼音在不同地方的发音都是相同的。同时，每组音节的发音都有相似之处，如“g，k，h”这组，可以举例“工、空、红”三个字，每个字内都含有“工”字；相邻的两组音节中也有相近之处，如与“g，k，h”相邻便有“江、腔”内含有“工”字。这涉及了汉字的奥妙，可以激起学生的兴趣，同时让他们记住特殊的拼音。

汉语的语音，以普通话为发音标准。汉语音节一般由一个声母和一个韵母组成。普通话的音节有以下五个特点：

①每个音节都有声母、韵母和声调三个部分。

②声母有 22 个，其中 21 个是辅音声母，1 个是零声母。

③韵母有 38 个，其中 9 个是单韵母，13 个是复韵母，16 个是鼻韵。

④韵母有韵头、韵腹和韵尾三个部分，其中韵腹是不可缺少的。

⑤汉语不是语调语言，而是声调语言。每个汉字都有四声：阴平、阳平、上声、去声。声调是音节不可缺少的组成部分。汉字（或词）的声调不同，尽管声母韵母相同，意义也不相同。

二、词汇上的对比

（一）词汇形态学对比

词汇形态学对比主要可以在词的形态系统和结构的基础上进行。首先，我们可从词的形态结构的角度来对比英汉两个词汇系统的构成特点，如单纯词、派生词和复合词在整个词汇系统中各自所占的比例。其次，我们可对比英汉语言中派生词和复合词的类型和特点，如它们的方式、作用和结构有什么不同。最后，我们可以对比具有相同功能的粘着语素在两种语言中的构词能力有什么不同。在进行词汇形态学对比时，我们一方面要将词与词素区别开来，另一方面需将词与自由词组区分开来。

克鲁斯认为，许多语言中的词通常具有以下两个特征：

（1）词是句子中位置可以移动的最小单位。例如："Peter hit Tom."（彼得打了汤姆。）"Tom hit Peter."（汤姆打了彼得。）"Tom，Peter hit."（汤姆，彼得打了。）如果我们不去考虑语义是否改变，"Peter、Tom、hit"是句子中位置可以移动的最小单位，移动后句子仍合乎语法，因而这三个都是词。但语素就不行，它的位置不能随意移动，其排列次序比较固定，如"illogically"（不合逻辑地）不能移动成为"lylogicalil"。

（2）词是其组成成分之间不容插入其他成分的最大语言单位。例如："她爱听音乐"这句话可以扩展为以下意思。

①她非常爱听音乐。

②她爱边看书边听音乐。

③她爱听古典和外国音乐。

这句话中"她""爱""听"和"音乐"都是词，而且都不能进一步扩展。

这种在内部结构上的不可分离性也体现了在语义上的整体性。譬如，“音乐”是大自然万物原声的翻版或各种乐器的碰撞，是人类文明、优雅的一种美的享受，而不是“音”和“乐”的简单语义组合和相加。

英汉词汇在结构和功能方面的比较差异主要体现在派生词和复合词等构词法之中。派生词的对比大致可以从形式位置的类型、语法功能和语义功能这三个不同的角度进行。可以列出两种语言中同属某种形式位置类型的词缀，然后在此基础上对比它们的语法功能和语义功能；也可以列出具有相应语法功能的词缀，然后在此基础上对比它们的形式位置类型和语义功能。就英汉两种语言总的形态特征来说，汉语的词缀在数量上没有英语丰富，运用范围也没有英语广泛。但相对而言，汉语中的后缀要比前缀丰富些，而这些后缀多数是名词性的。

（二）词汇量的不断增加

词汇的发展变化主要表现在三个方面：一是新词不断增加；二是原有的词增加或改变了意义；三是旧词逐渐消亡。前两者是词汇发展变化的主流。

古英语的词汇有五万到六万个词，一些现代英语大词典收的词条足有六十五万到七十五万之多。许多英语学习者常常感到困惑：为何英语词汇这么多，为何英语读音这么不同，为何英语拼写这么难等。如果我们简单地了解一下英语词汇的发展过程，也许这些问题会不解自明。

古英语时期有两个重要历史事件，给英语词汇带来较大影响。一是基督教传入英国。公元 597 年，一个名叫奥古斯丁的牧师从罗马来到英国传教，罗马文化随着基督教传入了英国，一批拉丁语进入英语。二是北欧人入侵英国。从公元 790 年开始，大量斯堪的纳维亚人在英国定居，丹麦国王卡纽特还一度为英国的君主。大量的斯堪的纳维亚语词进入英语。在中古英语时期，公元 1066 年，诺曼人横渡英吉利海峡，击溃了盎格鲁 - 撒克逊军队，英国被征服。以后的二三百年间，法语成为英国的官方语言，众多的法语词汇被吸收进英语。现代英语时期，早期对英语词汇影响最大的是文艺复兴运动。14 世纪至 16 世纪欧洲新兴资产阶级思想文化运动——文艺复兴运动是在意大利开始的，后扩大到德、法、英、荷等欧洲其他国家。在文艺复兴运动的影响下，许多拉丁语和希腊语的词汇进入英语。经过 1640 年英国资产阶级革命和其后的工业革命，英帝国开始向外扩张，与世界各地的交往日趋频繁，世界各地的语言都有词汇进入英语。20 世纪以来，英美的科学文化有了很大的发展，人们之间的交往越来越多，英语的词汇也随着越来越丰富。英语吸收了大量的外来语，丰富了英语词汇，使英语变得灵活而又多变化。但是英语中，最常用的词仍是英语的本族语，如 and，have，of，the，to 和 you 等。

对于汉语来说，其词义不断发生变化，原有的词也可以获得新的词义。汉语历史悠久，汉字的表意能力及组合能力很强。汉语词汇不仅量多，而且表意丰富。《现代汉语词典》是一部记录汉语语汇的中型词典，自 1978 年正式出版以来，曾于 1983 年和 1996 年出版过两次修订本，2002 年出版了增补本，2005 年出版了第五版。1978 年的初版本，所收条目共约五万六千余条。1996 年的第三版，所收条目共约六万余条。2002 年的第四版，在 1996 年的第三版基础上，增收了新词新义一千二百余条。2005 年的第五版，在收词方面，根据近年来社会生活、科学技术以及人们思想观念的发展变化，在原有词语中删去了二千余条，另增加了六千余条，主要包括政治、社会、科技、文艺等 20 类，全书收词约六万五千条，基本上反映了目前现代汉语词汇的面貌。汉语的新词新义来源于很多方面，除了绝大部分由普通话中产生外，许多港台地区特有的词语，各地方言词语，科学技术、社会科学某个学科的术语，或社会上某行业的专门用语，简称、合称和缩略，外语词语等，都被广泛地引进和应用。这些词汇，都具有明显的时代特征，比如和谐社会、政治文明、社保、反恐、彩显、转轨等词，都和新近出现的事物或社会现象有着紧密的联系。

三、词义上的对比

（一）词义表达法对比

汉语中如想表达“有要呕吐或厌恶的感觉”，可用“恶心”来表示；英语中的“disgust”可解释为“strong dislike for sth. or sb. that one feels is not right or good”。对于同样一个在语义上较复杂的概念，如果我们可用一个词来表示（如上面的“恶心”和“disgust”），那么这种表达法称为综合型表达法（synthetic expression）；如果要用一个短语来表达，那么这种表达法称为分析型表达法（analytic expression）。这两种表达法在几乎所有的语言中都可以找到。而且，即使在同一种语言中，有时两种表达法也会同时并存，表达同一基本语义，如英语中的“to fill，to make ... full，to become full”（装满，填满）；汉语中的“累坏”和“使……疲惫”。这使我们有可能在不同的场合或上下文中选用不同的表达法，以体现某种风格或收到某种修辞效果。但是，在不同的语言中对这两种表达法的选用也有多有少。即使在同种语言中不同的使用者对这两种表达法的选用也具有倾向性。我们中国学生在用英语写作时喜欢过多地使用“make+ 宾语 + 补足语”这一分析型语法结构来表达使役关系（如 to make our country beautiful；to make agriculture modern），而很少直接用一些可以表达使役关系的动词（如 to beautify our country；to modernize agriculture）。

（二）词义概括范围不同

（1）汉语中有些词含义比英语宽，如：

山 hill，mountain

借 lend，borrow

笑 smile，laugh

羊 sheep，goat

闻 hear，smell

（2）英语中有些词含义比汉语宽，如：

sister 姐，妹，嫂

brother 兄弟，同胞，社友，会友

cousin 堂（表）兄弟姐妹

brother-in-law 姻兄，姻弟，内兄，内弟，姊夫，妹夫

uncle 伯父，叔父，舅父，姑父，姨父

aunt 伯母，大妈，婶娘，叔母，姨母，姑母，舅母，姑妈，阿姨

（3）一种语言里的一些词所表示的意义在另一语言里找不到对应词。

（三）词汇的强弱不同

我们在汉语中若要表达“惊奇”的程度，可在前面加“十分、非常、大为、相当”等副词；但在英语中我们可以用“surprise→astonish→amaze→astound”这四个词所表达的语气逐渐由弱到强，从感到惊奇→充满惊异、大吃一惊→极大的惊奇、令人愕然→震惊到难以置信。在正式与非正式文体中汉英词汇的使用也存在着一定的差异。如汉语中的“死者”是个很普通的词汇，相当于英语中的“the dead”，但在法律用语中，“死者”的英语词汇一般用“the deceased”，显得正式委婉；在诗歌和文学作品中的“死者”，还常用“the departed”，这也是委婉语，含有死者升入天堂，有敬爱之意。

（四）语法特点上的对比

1. 英语和汉语的词类划分有同有异

英语和汉语都分实词和虚词两大类。英语和汉语都包括名词、动词、形容词、副词、代词和数词等。但英语没有量词，汉语没有冠词。

2. 英语和汉语词语的形态变化对比

英语的词有形态变化，以表示不同的语法关系。人称代词有主格、宾格，还有所有格之分，如：I（主格）、me（宾格）、my（所有格）。可数名词有单、复数之分：a book（一本书）、two books（两本书）。有些词有阳、阴性之分：policeman（男警察）、policewoman（女警察）。动词有现在式、现在分词、过去式、过去分词等：write、writing、wrote、written。

汉语的词不像英语的词有那样的形态变化。如：

我是学生。

你是学生。

我们是学生。

他们是学生。

可见，无论是第一、第二人称，还是第三人称，“是”都没有任何形态变化；“学生”也没有单数或复数的形态变化。

3. 词类和句法成分没有严格的对应关系

（1）在英语中，名词、动词、形容词、副词和句法成分有很严格的关系，一旦不对应，要通过构词、词性变化等来满足。例如在宾语位置一定要是名词性的成分；在表语位置一定要是形容词；在状语位置一定要是副词。

（2）在汉语中，词类和句法成分没有严格的对应关系。

①掌声欢迎、小车接送。（名词作状语）

②这孩子双眼皮。（名词作动词）

四、英汉表达结构的对比

（一）英语多长句，汉语多短句

由于英语是“法治”的语言，只要结构上没有出现错误，许多意思往往可以放在一个长句中表达；汉语则正好相反，由于是“人治”，语义通过字词直接表达，不同的意思往往通过不同的短句表达出来。

例 1：Interest in historical methods had arisen less through external challenge to the validity of history as an intellectual discipline and more from internal quarrels among historians themselves .

译文：人们对历史研究方法产生了兴趣，这与其说是因为外部对历史作为一门知识学科的有效性提出了挑战，还不如说是因为历史学家内部发生了争吵。

英文原句是个典型的长句，由 27 个词组成，中间没有使用任何标点符号，完全靠语法结构使整个句子的意思化零为整："less through ... and more from"构成一个复杂的状语修饰动词"arisen"。在中文翻译中，"产生兴趣"这一重要内容通过一个独立的句子表达，两个不同的原因则分别由不同的句子表达，整个句子被化整为零。

例 2：We wanted to avoid the mistake made by many couples of marrying for the wrong reasons，and only finding out ten，twenty or thirty years later that they were incompatible，that they hardly took the time to know each other that they overlooked serious personality conflicts in the expectation that marriage was an automatic way to make everything work out right.

译文：许多夫妻因为错误的理由结了婚，结果在 10 年、20 年或 30 年后发觉他们原来合不来，他们在婚前几乎没有化时间去互相了解，他们忽视了严重的性格差异，却指望婚姻会自然而然地解决一切问题。我们希望避免重蹈覆辙。

英文原句是一个典型的长句，of 后接了两个动名词短语来修饰"couples"，第二个动名词"finding"又跟了三个"that"宾语从句和一个介词短语引起的状语，句子结构清晰，逻辑关系严密，像行云流水般连绵不绝。而译文的句法结构与原文完全不同，根据事件发生的先后和汉语的特点，化整为零，分成 6 个短句来分层表达，而且意思表达得清楚明白，充分体现了英语多长句，汉语多短句的特点。

（二）英语重结构，汉语重语义

英语和汉语属于两种完全不同的语言。英语结构紧凑，汉语结构松散；英语重形合，汉语重意合。英语句子中如果少了连接词"or，but，if，so，because，when，although，in order that，so that"等，所要表达的意思就会支离破碎。而汉语如果没有连接词，只从句子本身意思就可以把概念或关系表达清楚。

例 3：Conquer the desires，or they will conquer you.

译文：你如不能战胜欲念，欲念将要战胜你。

英语句子中需要使用连接词"or"，汉语中则不需要。

例 4：An English man who could not speak Chinese was once travelling in China .

译文：一个英国人，不会说中国话，有一次在中国旅行。

英语句子中包含了一个定语从句，结构紧凑，而汉语句子结构很松散。

例 5：It applies equally to traditional historians who view history as only the external and internal criticism of sources， and to social science historians， who equate their activity with specific techniques.

译文：它同样适用于传统历史学家和社会科学历史学家，前者将历史仅仅看作对历史材料来源的内部的和外部的批评，后者把历史研究活动等同于具体的研究方法。

这个句子长达 30 个单词，是个典型的复杂句。从结构上讲，它是由主句带两个“who”引导的从句。尽管结构复杂、信息量大，但这句话在英语里并不紊乱，因为句子结构环环相扣，语义清楚。“who”引导的定语从句放在名词后面修饰这个名词，这是英语中较常见的表达形式，两个从句的语义既相对独立，又和主句连成一体。英语表达非常重视句子结构，句子结构上的适当安排往往可以达到更好的表达效果。从汉语的表达习惯来看，句子一般不宜写得太长，修饰成分过多或过长会造成喧宾夺主、语义含混。汉语不需要通过复杂的结构提高表达水平，只要意思清楚、正确，表达方式上可以有更多的自由。

（三）英语多被动，汉语多主动

英语比较喜欢用被动语态，科技英语尤其如此。汉语虽然也有“被”“由”之类的词表示动作是被动的，但这种表达远没有英语的被动语态那么常见，因此，英语中的被动在汉译中往往成了主动。

例 6：And it is imagined by many people that the operations of the common mind can by no means be compared with these processes， and that they have to be required by a sort of special training.

译文：许多人认为，普通人的思维活动根本无法与科学家的思维活动相比，认为这些思维活动必须经过某种专门训练才能掌握。

原文中有三个被动语态“is imagined”“be compared”和“ be required”，译成汉语都变成了主动表达：认为、相比和掌握。

有些英语被动需要把主语译成汉语的宾语，这样才能更加符合中文的表达习惯。

例 7：New sources of energy must be found，and this will take time but it is not likely to result in any situation that will ever restore that sense of cheap and plentiful energy we have had in the past time.

译文：必须找到新的能源，这需要时间；而过去我们感觉到的那种能源价廉而充足的情况将不大可能再出现了。

（四）英语多代词，汉语多名词

英语常使用代词，汉语虽然也使用代词，但使用频率明显不如英语高。英语不仅有“we、you、he、they”等人称代词，而且还有“that、which”之类的关系代词。在长而复杂的句子中，为了使句子结构严谨、语义清楚，同时避免表达上的重复，英语往往使用很多代词。汉语虽然也有代词，但由于结构相对松散、句子相对较短，句中不使用太多的代词，使用名词往往使语义更加清楚。翻译时为了弄清句子的确切含义，不知道代词的指代情况往往是不行的，因为如果不明白主语是什么，谓语动词的意思往往也就无法确定。

例 8：And it is imagined by many people that the operations of the common mind can by no means be compared with these processes，and that they have to be required by a sort of special training.

译文：许多人认为，普通人的思维活动根本无法和科学家的思维过程相比较，他们并认为这些（科学家的）思维过程必须经过某种专门训练才能掌握。

句子中，代词 they 译成了名词“……思维过程”；be required 译成了“掌握”，不但被动没有了，而且词义发生了很大的变化。

例 9：There will be television chat shows hosted by robots，and cars with pollution monitors that will disable them when they offend.

译文：届时，将出现由机器人主持的电视访谈节目及装有污染监测器的汽车，一旦这些汽车污染超标（或违规），监测器就会使其停驶。

英语原句共使用了三个代词：关系代词“that”、宾格代词“them”和主格代词“they”，汉语译文中却只用了一个代词“其”，“that”被译成了名词“监测器”，“they”被译成了名词“汽车”。这是因为汉语里没有关系代词，“that”从英语语法上讲指代的是先行词“monitors”，把它译成名词“监测器”就成了很地道的汉语表达。而如果把“they”译成“它们”，汉语里就有可能语义不清，因为“它们”有可能指“汽车”，也有可能指“监测器”。由此可见，英语里很多代词译成汉语时都要变成名词。

（五）英语多引申，汉语多推理

英语有两句俗语：一是“You know a word by the company it keeps.”（要知义如何，关键看词伙），二是“Words do not have meaning，but people have meaning for them.”（词本无义，义随人生）。这说明词典对词的定义和解释是死的，而实际运用中的语言是活的。

从原文角度来说，这种活用是词义和用法的引申，翻译的时候要准确理解这种引申，译者就需要进行推理。

例 10：While there are almost as many definitions of history as there are historians，modern practice most closely conforms to one that sees history as the attempt to recreate and explain the significant events of the past.

译文：尽管关于历史的定义几乎和历史学家一样多，现代实践最符合这样一种定义即把历史看作对过去重大历史事件的再现和解释。

“recreate”根据构词法和一般词典上的解释，是“重新创造”的意思，而考研英语大纲词汇表中只有名词“recreation”，所给词义为“娱乐、消遣”，在这种情况下，很容易把“recreate”译成“重新创造”或者“娱乐”。仔细观察“recreate”不难发现它带有宾语“the significant events of the past”，从逻辑上来讲，过去的重大历史事件是不能重新创造的，作者显然对“recreate”的词义进行了引申。做翻译的人经常会有这样一种感受：某个词明明认识，可就是不知道该怎样表达。这其实就是词的引申和推理在起作用。

（六）英语语序变换多，汉语语序较固定

英语为了获得句子形式上的平衡或修辞上的强调效果，经常将句中的某些成分的位置进行调整，如主谓倒装、宾语后置，或与其他成分的位置调换等，以产生修辞上的生动效果。这种句子成分的位置调换在汉语中是没有的，所以，汉译时要恢复正常的语序，符合汉语习惯表达。

例 11：Mr. Bennet was among the earliest of those who waited on Mr. Bingley. He had always intended to visit him，though to the last always assuring his wife that he should not go；and till the evening after the visit was paid，she had no knowledge of it.

译文：班纳特先生尽管在太太面前始终都说不想去拜访彬格莱先生，实际上他一直都打算去，而且还是最先去拜访的人员之一。直到他去拜访后的那天晚上，他太太才知道实情。

英语常用变换其句法结构的方式，巧妙地将重要的东西依次前置，在表达时又按其语言习惯恢复正常，但所强调的重要东西仍保持不变。如像“among the earliest of those who waited on Mr. Bingley”本来在句首，汉译时却放在句末，但其意义和作用未改变。

例 12：The saga of the White Star liner Titanic，which struck an iceberg and sank on its maiden voyage in 1912，carrying more than 1 300 passengers to their deaths，has been celebrated in print and on film，in poetry and song.

译文：白星公司的班轮泰坦尼克号在 1912 年处女航中因撞上冰山而沉没，船上 1 300 多名乘客遇难。此后关于她的种种传说便成为各种刊物、电影以及诗歌、歌曲的内容而广为流传。

这是一个复合句，主句是“The saga ... has been celebrated”其中定语从句“which struck an iceberg and sank”和伴随状语现在分词短语“carrying more than 1 300 passengers to their deaths”位于主句的主语和谓语之间，使主语和谓语相隔甚远。谓语动词后接连用了三个介词短语“in print”“on film”和“in poetry and song”作方式状语，插入这么多成分，句子显得很长，但结构完整，关系合理清楚。汉译时把定语从句译成原因状语“因……”，现在分词短语译成一个分句，把三个介词短语另译成句子。

（七）观察事物的角度和联想不同

英语中，着眼点在人所处的位置；而汉语中，着眼于“手”。

例 13：Close the door behind you.

译文：随手关门。

第二节　中西思维方式的对比

思维是在表象、概念的基础上进行分析、综合、判断、推理等认识活动的过程。思维是人类特有的一种精神活动，是从社会实践中产生的。中国人和西方人思维方式不同，这种不同自然会成为语际交流的障碍。了解中西方思维方式的特点和异同，会有助于我们避免英汉互译中出现理解和表达上的错误和不当。

一、抽象思维和形象思维

英语民族注重抽象思维能力的运用，抽象表达法在英语中使用得非常普遍。英语中大量使用概括、笼统的抽象名词，用来表达复杂的理性概念和微妙的情绪，这种情况往往很难用相对应的汉字来翻译。而汉语民族的思维形式恰恰相反，他们更习惯于运用形象的方法表达抽象的概念，例如汉语里面的成语、比喻、谚语、歇后语等。

脚踏实地 have a down-to-earth manner

顶天立地 of indomitable spirit

居高临下 occupy a commanding position

蒙在鼓里 be kept in the dark

画饼充饥 feed on fancies

二、形式逻辑和辩证思维

英语民族重视形式逻辑，而汉语民族更重视辩证思维。因而英语重形合，很重视语法形式，在句子中注重运用结构词或者虚词，表现形式受逻辑形式支配。而汉语则是语义型语言，重意合，没有形式上的语法区别，表现形式受意念引导，很少使用结构词或者虚词，行文具有隐含性。

例 14：跑得了和尚，跑不了庙。

译文：Even if the monk can run away， never can his temple.

汉语句子是通过意合构成句子的，而英语的译文是通过连接词“even if”连接句子。

三、直线思维和曲线思维

英语民族的思维模式是直线型，运用语言表达思想时，总是开门见山表达观点，再展开予以说明，借助各种衔接手段传达新信息，从而对主题进行全面而具体的阐释。而汉语民族的思维模式是曲线型，运用语言表达思想时，总是先分述，或者旁敲侧击，最后再切中主题。他们各自的思维风格导致语言表达上的差异：英语句式结构一般为前重心，汉语则为后重心。受思维模式影响，英汉语篇分别呈现直线型和曲线型的逻辑特征。

例 15：These passions， simple but overwhelmingly strong，have governed my life：longing for love，the search for knowledge，and unbearable pity for the suffering of mankind.

译文：渴望爱，寻求知识和对人类苦难的深切同情，这是支配我生活的三种简单而无比强烈的情感。

第三节　中西语言的文化差异

一、历史文化差异

历史文化指的是由特定的历史发展进程和社会遗产的沉淀所形成的文化。由于各个民族和国家的历史发展不同，因而在其漫长的历史长河中所积淀形成的历史文化也不相同。在两种语言之间进行交际时，会经常遇到由于历史文化差异而出现的交际、理解难题。

例如，“东施效颦”这一汉语成语典故，对中国人来说，不难理解其文化内涵，但对于不甚了解中国历史文化的西方人来说，若仅仅理解为“东施模仿西施皱眉”，就没有准确、形象地表达和再现原典故的含义。东施是谁?西施又是谁? 就没有交代清楚。为了让西方读者能了解这一成语的内涵，比较合适的做法是采用加注的方法：“Tung Shih imitates His Shih.（His Shih was a famous beauty，Tung shih was an ugly who tried to imitate her way.）”这样，就会使读者一目了然。

中西方文化的形成各有其特点，并且随着时间的推移而不断丰富。熟悉或精通双方的历史发展对英汉翻译有很大的帮助，毕竟，历史是一种文化的积淀。

例 16：I guessed when he asked for an interview that Smith had an axe to grind.

译文：史密斯要求会见，我当时猜想他别有用心。

如果对“to have an axe to grind”这一典故不能正确理解的话，就会导致翻译失败。“to have an axe to grind”说的是美国伟大的发明家、政治家本杰明·富兰克林小时候的一件事，有人带着斧头来到他家，想利用他父亲的砂轮磨斧子，然后要富兰克林给他看看砂轮怎么转动。富兰克林欣然答应，把砂轮摇转起来。那人一边磨，一边夸奖小富兰克林，等斧子磨好之后，那人却对小富兰克林手上的疼痛不屑一顾，原来那人夸奖富兰克林是为了磨他的斧头。由此得出“to have an axe to grind”比喻人说话做事别有用心，另有企图。

二、地域文化差异

地域文化指的是由所处地域、自然条件和地理环境所形成的文化，表现在不同民族对同一种现象或事物采用不同的语言形式来表达。在中国，自古以来便有“南为尊北为卑”的传统，人们经常说“从南到北，南来北往”，“南”的方位在说法上常常置前。而英语文化却恰恰相反，英美人从英语地域文化上来理解汉语中的“从南到北”，自然是“from north to south”，“北屋”为“a room with southern exposure”。

在中国人的心目中，“东风”象征“春天”“暖意”，它吹绿了中华大地，使万物复苏，故有“东风报春”之说，所以中国人偏爱东风。而英国的“东风”（east wind）则是从欧洲大陆北部吹来的，象征“寒冷”“令人不愉快”，所以英国人讨厌“东风”。不过英国人喜欢“西风”，它给英伦三岛送去春天，故有“西风报春”之说。

地域文化方面的差异，使得不同民族在对同一事物的认识上存在着差异。有些事物在一种语言文化里具有丰富的内涵和外延，且能引起美好的联想，而在另一种语言文化里却平淡无奇，毫无文化意义，这就是文化的个性和差异。比如，在中国传统文化里，耕牛是勤劳的象征，人们常把那些勤勤恳恳、任劳任怨的人比喻为具有老黄牛精神。之所以如此，是因为中国自古以来以牛耕为主，耕牛与农民朝夕相处，且勤劳忠厚，自然形成了中国人对牛的热爱和赞誉。与中国不同，英国古代主要靠马耕，牛则很少干活，因此马在英美文化中则是勤劳和吃苦耐劳的象征。

三、风俗文化差异

风俗文化指的是贯穿于日常社会生活和交际活动中由民族的风俗习惯形成的文化。不同的民族在招呼、称谓、道谢、恭维、致歉、告别、打电话等方面表现出不同的民族文化规定和习俗。如中国见面打招呼时常用的几句客套话是："你到哪儿？你要干什么？你吃过饭了吗？"这几句话在中国文化里并无打探之意，只不过是无关紧要的、礼节性的打招呼的一种形式，然而西方人对这几句却很敏感和认真。"你去哪儿，你要干什么？"在他们看来纯属自己的私事，别人不能随便打听，除非是亲密的朋友。而"你吃过饭了吗？"则使他们不知所措，对方会以为你想请他（她）吃饭。像这样的见面问候，应视具体情况做相应的文化转换，改为英语惯用语"Hello""Good morning！""How are you？"等。各民族的文化作为人类社会发展的一个组成部分，具有共性的东西，但更多的是由于文化差异导致的个性的东西。

四、宗教文化差异

宗教文化是人类文化的一个重要组成部分，它指的是由民族的宗教信仰、意识等所形成的文化。儒教、道教、佛教是中国的三大宗教，这三大宗教在中国民众中有着深远的影响。在我国的传统文化中，我们有道教的"玉帝"，佛教的"阎王"，有神话中的"龙王"，有"开天辟地的盘古"和"主宰自然界的老天爷"。而这些概念欧美文化中并不存在。欧美人多信仰基督教，认为世界是上帝创造的，世上的一切都是按上帝的旨意安排的。对于中西宗教文化方面存在的差异，在交流、理解时应予注意。例如，英国翻译家大卫•霍克斯在翻译《红楼梦》刘姥姥说的"谋事在人，成事在天"这句话时，把它英译为"Man proposes，God disposes"，似乎神形兼备，汉语成语巧对英语谚话。但由于两者存在着不同的宗教背景和深层的文化差异，译文就有使刘姥姥由信佛变成了西方基督教徒之嫌了。因为严格地说，此例中的"天"与"God"并不完全对应，在此认为用"Heaven"来代替"God"更忠实于原文。

例 17：Mary crossed her fingers during the race so that Tom would win.

译文：比赛时玛丽为汤姆祈祷，但愿他能赢。

在现实生活中，经常会出现类似这样的翻译：“玛丽比赛时交叉双手，以便汤姆能赢。”或“比赛时玛丽用指头打暗号，所以汤姆赢了。”这就是由于不了解西方宗教文化造成的错误。西方基督教徒的一个重要仪式就是进行祈祷，祈祷时用指头交叉在胸前点三下。因此，英语“cross fingers”就是“祈祷上帝保佑”的意思。

五、语言文化的差异

语言自身差异主要表现在词汇语义方面的差异。词汇的语义一方面是词汇本身的意义，另一方面是词汇的文化意义。词汇语言差异主要体现在词汇的文化意义上。本身意义相同的词汇，在汉英两种语言中，其文化意义可能有如下三种情况。

（一）词汇本身的意义

“laborer”指干体力活的劳动者，“worker”既指体力工人也指脑力工人，而在汉语中，劳动者和工人没什么区别。“ambition”在中国文化中意味着野心，但在美国文化中还有进取心的意思。中国文化中的“客气”，在英语中很难找到恰当的对应词。汉语中的“关系”和英语中的“relation”也不完全对等，“关系”在汉语中可能是个具体的概念，如“他的关系很硬”是指他认识人好办事等，而在英语中“relation”则表示抽象的概念。

（二）词义不对等

是否“马”一定要翻译成“horse”，而“black”必须翻译成“黑色（的）”？“害群之马”译成英文为“black sheep”，而“black tea”译成中文为“红茶”，这些例子表明英汉语言文化中还存在着词义不对等现象。之所以如此，是因为很多词汇除了一个表面意义还有一个或多个特定语境中的联想意义，试比较“He is a professional”和“She is a professional”，对于前者的翻译不会存在异议，若把后者翻译成“她是个专业人士”则有可能有违原文的初衷“She is likely a prostitute”。在西方，“summer’s day”“shepherd”“sea”“cattle”等词的含义已不是“夏日”“牧羊人”“海洋”“牛”等词语所能体现。同时，“风”“月”“松”“兰”，在很多情况下也不能直接翻译成“wind”“moon”“pine”“orchid”等词。面对这些看似能翻译却很难翻译的词汇，只有在了解双方文化背景的基础上，才能做到有的放矢、取舍得当。

（三）成语、谚语、习语文化差异

学习外语难免要接触到成语、谚语、格言和典故，它们是一个社会语言和文化的重要组成部分。有些英语中的成语谚语可找到对应的汉语，有些本身已为汉语吸收，有些可直译而不会构成理解上的障碍，但更多的是由于汉英文字的巨大差异和文化传统迥然不同，很难找到适当的汉语译法，译文难以做到形、声、意、神完全符合，这就是文化差异使然。

例如，“A miss is as good as a mile.”很像汉语的“差之毫厘，失之千里”。但汉语谚语另有一层寓意：小错误不及时纠正最后会出大错，告诫人们要防微杜渐。英语谚语只说明一个事实，一种态度：小失误也是失误，差一毫米和差一公里一样。“gilding the lily”似乎与“锦上添花”意思相近，其实相差甚远。此处英语谚语的意思倒近似“画蛇添足”，指对很完美的东西做不恰当而且过分的修饰，表示不赞成这种弄巧成拙的做法。

六、精神文化的差异

（一）审美取向的差异

1. 关于动物的审美取向差异

在我国文化中，“龙”神通广大，威严无比，是吉祥的神物，是尊严的化身，龙的形象成了中华民族的象征。但在英美文化中，龙却被看作凶残动物，象征着邪恶。《圣经》中把与上帝作对的恶魔撒旦称为“the great dragon”，一些圣徒因杀死“dragon”而被视为英雄。在现代英语中，“dragon”指“凶暴之徒”，尤指“恶毒的女人”。狗在西方人的价值观念中是一种最为人钟爱的动物，是忠诚的伴侣。养狗不仅是为了打猎、看家，而且常常是为了做伴，有些无儿无女的老人便终日与狗为伴。英语中带“狗”的词语多为褒义，其中有“Love me，love my dog”（爱屋及乌）；“You are a lucky dog”（你是一个幸运儿）；“White is a gay dog”（怀特是个快乐的人）；“Jack is a bull dog”（杰克是条硬汉）；“Every dog has his own day”（每个人都有自己的运气）。而狗在中国人眼里却有“仗势欺人”“为虎作伥”之嫌，因此在汉语里用狗来比喻人多带有贬义，如“狗咬吕洞宾，不识好人心”“狗仗人势”“做人鹰犬”等。

2. 关于植物的审美取向差异

中国人传统上崇尚兰花（orchid）和荷花（lotus）。兰花常青、幽香、秀雅，具有坚贞、典雅、高洁的特征，它的香味独特、醇正而幽远，历来被誉为香祖、国香，数千年被文人雅士、骚人墨客所称颂，有大量描写兰花的诗词歌赋、书画墨宝流传于世。荷花出尘不染、清洁无瑕，故而中国人民都以荷花“出淤泥而不染，濯清涟而不妖”的高尚品质作为激励自己洁身自好的座右铭。而英美人一向认为玫瑰最香，百合花最纯洁，于是有“A rose by any other name would smell as sweet”（玫瑰无论叫什么名字都是芳香的）的说法和“as pure as lily”（像百合一样纯洁）的成语。若把“气味香得如兰花一样”或“像荷花一样纯洁”翻译成英语，我看英美人是体会不到中国人的那种审美情趣的。

3. 关于颜色的审美取向差异

英语和汉语中都有丰富的颜色词，就其指称作用来看，它们大致可分为基本颜色词和实物颜色词两类。

基本颜色词是专门用于描绘事物色彩的词。它们代表的基本颜色幅度较宽，因而具有一定的概括性，在交际中使用频率较高。英语中常见的基本颜色词均可在汉语中找到与之相对应的基本颜色词，但它们有的在指称意义上并不完全对等。在象征意义和联想意义方面，英语基本颜色词也并不与其汉语基本颜色词完全对应，这是因为各种色调都有自己独特的含义和寓意，不同民族的人对色彩的反应、欣赏以及被激发的联想因受本文化传统的制约也是不同的。在翻译含有颜色词的短语时要特别注意这一点，不能望文生义，否则就会译错。英语和汉语基本颜色词均为实义词，能以名词、动词、形容词和副词等不同词性出现。但在组词和构词方式上，英语基本颜色词有着自己的特点，如颜色词前附加“deep，dark”，则表示该颜色的深浓；附加“light，pale”，则表示该颜色的浅淡；附加“bright，rich，vivid，dull，pale，dirty，murky or darkling”，则表示颜色的明暗。再如颜色词若有后缀 -ish，则表示该色浅或微带……色；两个颜色词组合在一起，则表示混合色（如：yellow green 黄绿色）；两个颜色词被 and 连在一起，则表示花色（如：green-and-white 白绿相间）。此外，基本颜色词还拥有大量的同义词或近义词。如英语中的 red 近义词有 200 种之多，常见的就有“crimson 深红、cardinal 深红、scarlet 猩红、vermilion 朱红、rubious 深红、pink 粉红、bloody 血红、ruddy 微红色”，而汉语红色的近义词却只有 40 多个。

实物本身具有突出醒目的颜色，其名称不但可以代表该实物，还可以指称一种颜色，这类词叫作实物颜色词。实物颜色词可以使语言表达具体准确、形象生动，能描绘出基本颜色词难以描绘出的浓淡明暗不同的色调，因而使用率也较高。就数量而言，实物颜色词远远多于基本颜色词，大多数英语实物颜色词均可在汉语中找到对应词语。

（二）价值观念的差异

教育和共同的文化背景往往使一个民族的人民具有类似的价值观。而不同的民族，由于文化背景的不同，价值观有时差异很大。世界观和价值观的差异很大程度上决定着语言的表达与理解。

1. 不同的礼貌评判标准

汉文化中的“礼貌”植根于儒家“礼”的传统，强调“贬己尊人”和“中庸”，提倡谦虚；而西方文化深受西方自由平等思想的影响，强调个人价值，提倡个人自信和实事求是的态度。不同的文化心理和礼貌方式会影响到英汉两种语言的跨文化交际。对于“你的衣服真漂亮”这样的称赞话，中国人大都答“哪里，哪里”，而西方人则高兴地答道“Thank you”。如在课堂上中国教师比较正式，注重教态；而美国教师则比较随便，这从一个侧面反映出中国文化中的等级意识和美国文化中的平等意识。

2. 通过语言窥视价值观

假设一个小孩看见邻居家的果树上结满了苹果，而不去摘，问他为什么不摘？信奉基督教的欧美小孩，他会回答说：“我不能去摘，因为上帝在看着我。”如果是中国、日本等东方国家的孩子，一定会回答说：“那是人家的东西，我们不能要。”西方人受基督教的影响，认为自己是上帝之子，自己无时无刻不在受着上帝的监视与庇护。我们中国人大多数不信上帝，但我们亦有自己的道德准则，子曰：“富与贵，是人之所欲也，不以其道得之，不处也。贫与贱，是人之所恶也，不以其道得之，不去也。”这样的古训，大多数中国的家长都会用它来教育自己的孩子们。

3. 对词义理解的不同

西方文化特点是个人价值至上，“individualism”是英美人普遍接受的价值观，“实用主义”的人生观支配着大多数美国人，因而有“在爱情和战争中，采取任何手段都是可以的”（All is fair in love and war）的观点，这对于“礼仪之邦”的中国人来说非但接受不了，甚至会感到这种为人态度是可怕而不可取的；而汉语中的“自以为是”“自负”都带有贬义色彩，“individualism”被认为是“个人主义”“利己主义”。

（三）思维方式的差异

不同的民族有各自不同的思维方式、思维特征和思维风格，这就是思维差异。思维差异反映着讲某一种语言的民族群体千万年来形成的语言倾向，每一种语言都体现着该民族的思维特征，英汉两种语言亦不例外。

1. 修辞思维的差异

在众多的修辞手法中，比喻修辞最能代表两种思维方式的差异，通常表现在喻义相同或相似而喻体各异。例如，英语中的“as stupid as a goose”（蠢如鹅），而汉语说蠢如猪；“as dumb as an oyster”（oyster 意为“牡蛎”），汉语说“守口如瓶”；汉语中“心肝”比喻心爱之人，而英语用“sweat heart”表示心爱之人。

2. 专有名词的差异

汉语主要采用逻辑顺序，比如先因后果，从大的范围到小的范围，从重要到不重要，等等。汉语中的“中国湖北武汉”。英语的翻译却成了“Hubei Wuhan China”。按照中国人的习惯，大的地名事物习惯于放在最前面。

3. 主体和客体的差异

英语多用无生命的名词作主语，主动和被动两个范畴始终泾渭分明。汉语民族主客体相互融合，以“人”为中心，认为只有人才能做出有意识的动作或行为。汉语常以有生命的名词作主语，句子的语态呈隐含式。

4. 实证思维与意象思维

同一具体的事物，在英汉文化中的内涵可能不同，同一抽象的道理，在英汉文化中的具体事物表现也可能不同。例如汉语用“趁热打铁”来形容抓住有利时间，而英语中却用“make hay while the sun shine”（晒草要趁太阳好）；汉语用“费了九牛二虎之力”来形容想方设法、尽其所能去谋取或得到某件东西，英语则用“to move heaven and earth to do something”（移动天地）来对应。汉语形容一个人很瘦，会说“骨瘦如柴”，但英译却为“as lean as a rake”（骨瘦如耙）；汉语中的“夺别人的饭碗”，英译则为“to take people’s bread out of his mouth”（把面包从他人嘴里抢走）；汉语用“挂羊头，卖狗肉”来形容一个人说的与做的不一致，在英语中为“to cry up wine and sell vinegar”（叫嚷酒，却卖醋）。

5. 抽象思维和形象思维

英语民族重抽象思维，擅长用抽象的概念表达具体的事物，而汉民族则重形象思维，习惯于运用形象的手法表达抽象的概念。两种思维形式的不同在语言上表现为：英语常用大量的抽象名词表达复杂的理性概念。如“The absence of intelligence is an indication of satisfactory developments.”句中的“absence，intelligence，development”都是抽象名词，这种表达给人一种

“虚”“泛”“暗”“曲”“隐”的感觉。而汉语则惯于用具体、形象的词语表达虚的概念，如“画饼充饥”（借空想安慰自己）中的“饼”，这种表达给人一种“实”“直”“显”“形”“像”的感觉。

6. 直线思维和曲线思维

英国人的思维是独立的，是个体的、以自我为中心的思维，而中国人的思维则是“顾全大局”，是一种综合性的思维。比如说，在英语上“说”的方式有“say，speak”等，意思其实差不多，准确而生动；但是中国的语言里面，往往会在“说”的前面加上一些形容词，比如开心地说、伤心地说等。所以，中文在表达上更加严谨，更加具体。这也是思维方式的不同所造成的。

英语民族重视直线思维，而汉民族重视曲线的思维，在表达思想时，英民族的思想更加的直截了当，他们习惯于先交代要点，而汉民族习惯从侧面说明，先阐述外围的环境，最后点出话语的信息中心。

七、物质文化的差异

（一）地理文化的差异

中国的地理环境是以陆地为主，丘陵和大山很多。而英国是一个岛国，有典型的海洋性气候特征。地理环境不同，文化就会受到不同影响，而语言和文化是相互影响的。

首先，我国是农耕文化特征，而英国属于典型的海洋文化。所以生活中中国的东西很多都和土有关，而英国的则和水有关。例如：a big fish in a little pond（顶天立地），drink like a fish（牛饮）。

其次是地势方面，我国丘陵和大山多，这有利于茶树的生长，有关茶文化的词就很多，如茶道、茶馆、大碗茶、人走茶凉、茶余饭后等，大街小巷都有很多茶馆。英国不适宜种植茶叶，他们的主要饮品是咖啡。在英语中时常有这样的句子“Let’s talk over coffee”而不是“tea”，在英国街上最常见的就是咖啡馆了。

最后是气候方面，我国大部分地区属亚热带，适合种水稻，所以大米是主食。而英国位于北温带，农作物主要是小麦，英国人的主食是面包。比如：我们说胃是“饭口袋”，而英国人说“bread basket”；中国把“失业”说成“丢了饭碗”，英国说“out of bread”。另外我国适合种竹子，而英国气候多雨，蘑菇生长快，所以某事物生长发展快，中国说“如雨后春笋”，英国是“like mushrooms”。

（二）生产方式文化的差异

生产方式是人们谋得生产资料和生活资料的方式，是人类社会存在的基础和赖以发展的决定力量，包括生产力和生产关系两个方面。中国自古是个内陆农业国家，以牛耕为主。汉文化中对“牛”似乎多有偏爱，与牛有关的词语很多，如牛劲、牛脾气、牛角、牛皮、孺子牛、牛刀小试、牛角挂书、牛衣对泣等。英国是个山小地狭的岛国，古代主要靠马耕，牛在英国主要用来产奶，由于马在农耕中的重要作用，与马有关的俗语也不少，如“horse doctor（蹩脚医生）、horse laugh（纵声大笑）、horse sense（基本常识）、dark horse（出人意料的获胜者）、change horses（换班子）、work for a dead horse（徒劳无益）”等。“牛”与“马”特有的文化内涵，正是生产方式差异的具体写照。汉英两种语言分别用“horse”（马）和“ox”（牛）这两个不同动物形象来生动地表达同一语义。如汉语说“吹牛”，英语说“talk horse”；汉语说“牛饮”，译成英语则是“drink like a horse”；汉语中的“老黄牛”，英语却译为“work like a horse”；“力大如牛”译为“as strong as a horse”；“饭量大如牛”对应的英语为“eat like a horse”；“风马牛不相及的事”的英文是“a horse of another color”；而“老牛不喝水，不能强按头”英译则为“You may take a horse to the water，but you cannot make him drink”。可见中国人对牛在耕作时的倔脾气深有体会，而英国人对马的倔强也早已领教。

以汉族为主体的中国社会逐步形成了自给自足的农耕型社会，人们的经济活动主要是依附在土地上，从历代农民起义到新中国的土地改革，无不与土地息息相关。所以汉语中有许多与“土”有关的词，如：土生土长（locally born and bred）、土洋并举（use both indigenous and foreign methods）、土特产（local special product）、土地庙（a tiny temple housing the village god）、土星（Saturn）等，只不过英译时大都失去了“土地”一词的字面含义，倘若将“土”字都不留余地的译出，就会让英美人感到莫名其妙，啼笑皆非，这也反映了东西方生产方式文化的差异。

第四节　中西语言的对比翻译

一、文章段落对比

英语和汉语在篇章结构方面有不少相似之处，首先篇章的表现形态灵活、可长可短，长可以是长篇小说，短可以是小小的公共告示，它们都具有完整的意义和交际功能。英汉篇章都要求内容一致，结构衔接，意义连贯，都具有有效的衔接手段使句子、段落连成一个整体。语篇衔接手段大致分为语法衔接和词汇衔接两类。英汉两种语言在词汇衔接手段上的差异不是很大，相同之处多于相异之处，但在语法衔接手段方面多有差异。

汉语文章强调辩证思维，坚持普遍联系，整体布局重内容而不重形式，分段的标准历来是因作者、作品而异，不统一，有较大的任意性。汉语是非形式语言，词、句、段、篇均无明显的形态标志。汉语注重神韵而不重形式，自上而下是一个形散意合的语系，词的组句能力弹性很大。句子脉络依靠自然语序的短语铺排来体现，短语之间少用或不用关联词，因此在形态上不存在一个主谓框架。文章中层次和段落在形态上与句子一样结构松散，句与句的联系很少依靠关联词，而是一种内在的时间顺序和逻辑顺序把句与句连在一起，显得形散而神凝。有时一个自然段只有内容上的潜在主题，缺乏形式上的主题。

二、英汉构词法对比

词汇学是一门独立、实用、交叉的学科，汉英词汇的差异主要体现在形态学和语义学的对比之中，两者又以语义学的对比差异显得更为突出。词是语言中能够独用的最小语言单位，具有一定的形式，并表达一定的意义。中西语言在不同的领域，由于不同的文化和背景产生不同的词汇对比差异。

（一）转化法

转化法是指在基本词形不变的情况下，不添加任何成分（词缀），由一种词类转化为另一种词类的构词方法。例如，英语名词有 6 种词类转化功能，它可转化为形容词、副词、动词、介词、连词以及感叹词，其中以动词、形容词最为普遍。

（二）缀合法

缀合法指的是由字根或者字加字缀，即字首或者字尾构成新词的方法。在英语所有的构词法中，缀合法是构词能力最强的一种。英语的缀合法主要是针对派生词缀而言，其功能主要是限定词根的意思，或确定词根的方向，与词的表意有重要的联系。

1. 前缀 + 词根

前缀通常只改变词义，不改变词性。前缀一般分为三类：①表示否定的前缀；②一般加在动词、形容词上表示“反，去，解，消，除，脱”的意义的前缀；③表示其他意义的前缀。

2. 词根 + 后缀

后缀通常改变词性，构成意思相近的其他词性的词；少数后缀同时会改变词义。后缀一般分为：①形容词性后缀；②动词后缀；③副词后缀；④名词后缀；⑤数词后缀。

与英语相比，汉语的字缀少、字根多且是带独立意义的字。汉语的前缀意义虚，主要是改变词性，表示语法意义，其功能相当于英语的后缀，这是两种语言的区别。但前缀意义虚也有程度的不同，如有的词缀毫无意义，纯粹是为了构词。在汉语里，最简单的派生词就是一个词缀缀在一个作为词根语素的字上所构成的双字派生词，如“阿姨”“桌子”。

（三）合成法

合成法所形成的词汇是复合词。复合词是指那些由一个以上的词汇语素构成的词，或者由两个独立的词连接起来构成的新词。英语复合词可以分为复合名词、复合动词、复合形容词、复合介词。

三、汉英词汇意义对比

由于受各自不同的自然环境、社会制度、宗教信仰等因素的影响，不同民族不但会有独特的词汇，而且内部涵盖意义的开放性、不稳定性会随着社会的发展、人们对客观事物认识的深化以及语言使用的经济化趋势而变化，导致新旧词义并存，从而产生多义。这种现象给语言学习者的学习和跨语言的交际带来了很多的不便，加大学习者对词义掌握的难度。而且本身受母语负迁移的影响，学习者很容易望文生义，而忽略了其内涵意义上的区别。但是，词的内涵意义在英语学习和实际交流中起到关键性的作用，所以了解和认知汉英词汇的意义十分必要。词汇的内涵意义指某一个词组的意义的一个方面，这种意义是词在说者、听者的脑海中所形成的感情和想法的基础上产生的，或者说是超出纯概念意义的那部分意义，是相对于概念意义而言，包含各种比喻或引申义。利奇说，“内涵意义”是附加在“概念意义”上的意义，显示人们对词汇所指的情感和态度。社会、阶级、阶层、集团或者个人都可以给一个词附加上内涵意义。有的词汇在两种语言里褒贬不一，如“pig-headed”（猪脑的），在汉语中是贬义词，表示愚笨的意思，而在英美文化中，猪被看作很聪明的动物。

（一）概念意义相同、内涵意义空缺

由于受文化、风俗的影响，各民族赋予一些事物以特殊的意义与情感，但这些意义和情感通常只适用于本民族。这种现象就形成了词汇文化含义的空缺。例如，海狸在英语有勤奋、卖力的意思，英语的“eager beaver”就是指为了讨好上司而卖力的人，中国因为受到地域的影响，并没有这种动物，所以，汉语对于这个词没有赋予什么内涵意义。

（二）概念意义相同，内涵意义近似

虽然内涵带有很强的民族性，但由于人类认识的普遍性，对一些客观事物的本性和特征的认知是一致的，因而对这一类事物所赋予的情感和态度也是相同。因此，这类词汇不但概念意义相同，连内涵意义也相似。例如，“像狐狸一样狡猾”，英语是“as cunning as a fox”。

（三）概念意义相同，内涵意义不同。

内涵意义的民族特性，体现了不同民族对同一概意义词汇所赋予的不同情感和态度，就是我们所说的不同的内涵。这种概念意义相同、内涵意义不同在我们实际的应用和学习中也会起到一定的障碍。无论是英语还是汉语都有着自己独特的丰富的色彩，而且人们在对其色彩的表达中也赋予其很多自身的情怀，比如，中国喜欢红色，人们过年的时候贴红色的福字，结婚的时候穿红色的衣服，红色象征着喜庆旺、成功等；而在英语中，红色往往象征着粗俗、暴力、疾病等，如“go into red ink”（亏空）、“red-handed”（流血的、暴动的）。

第三章　基于语言学和美学的英语翻译

基于语言学和美学的英语翻译，促使英语翻译具有更多内涵，对语言形式本身进行深入的语言学和美学审视，有助于全面地表现原作的艺术价值。本章主要探讨语言学的发展与语义翻译研究、系统功能语言学与翻译研究、翻译美学的定义与美学渊源、翻译美学的学科体系研究。

第一节　语言学的发展与语义翻译研究

一、语言学的发展

（一）语言学的定义

什么是语言学？关于语言学的含义，通常做如下界定：

Linguistics is generally defined as the science of language，alternatively，as the scientific study of language.（语言学是一门与语言相关的科学，或者是对语言的科学研究。）

这一定义实际上是以人类语言作为研究的对象，并回答了两个基本的问题：什么是语言以及语言如何运作。除此之外，语言学也研究了其他与语言相关的问题，如语际之间的差别有多大，语言之间是否有共性，使语言发生变化的因素是什么，社会阶级的差异体现在语言上的程度是怎样的，孩子如何习得语言等。可见，这是一个既丰富又十分有趣的领域。

但是关于语言学是一门科学这个论断曾经引起了不少的争议，尤其在语言学形成之初，但是现在这些争议已经不复存在，因为语言学已经成为人类学与社会科学的主要学科之一。语言学是一门被公认的学科，它有着巨大的研究潜力，犹如一座工厂，每年都会产出数量巨大的论文、专著或者文章等。

从上述论断中，不难看出语言学的研究在不断蓬勃发展。语言对个人和整个人类社会而言都有着非常重要的作用。由于语言学本身有着极其复杂的层面，因此很多国内外学者也关注其研究，而这种关注产生了各种具有应用价值的研究，如教育、言语矫治、翻译技巧等。另外，语言学还具有理论研究的价值。例如，索绪尔的结构主义理论就对与之相关的其他社会学科（如文学研究、社会研究等）产生了极大的影响。在中国，对于语言的研究历史是相对比较久远的，但是现代语言学的研究还需要经历一个相当长的时期。

作为一门独立的学科，语言学目前已经拥有了自身的理论、分支以及方法。同时，在研究语料库的方面，关于创设语料库还是凭借直觉的争论已经淡化，因为这两种理论都有其自身的优势。随着计算机技术的不断发展，语料库语言学也得到了快速发展。20世纪70年代，著名语言学家莱昂斯明确指出：语言学是经验性的而不是直觉的或者是猜想的，语言学的研究必须要经过观察和实验。因此，我们现在期待着更多关于语言学的研究来进行补充和细化。

（二）语言学的分类

1. 微观语言学

微观语言学研究语言系统内部的具体问题，如语音系统、语法范畴、语义系统等。微观语言学分支包括语音学、音系学、词汇学、句法学、语义学和语用学。

（1）语音学。

语音学关注语言世界中的所有语音，是对语言的语音媒介进行的研究。语音学主要包括以下三个分支。

听觉语音学：听觉语音学通过观察声波来研究语音的传播方式，即语音经过空气从一个人到达另一个人的物理传播方式。

声学语音学：声学语音学从听话者的角度研究语音，即听话者怎样感知到这些语音。

发音语音学：发音语音学从说话者的角度研究语音，即说话者怎样用他的发音器官来发音。

如果语音学知识不足，音系学的研究便无从下手。可见，语音学知识掌握得牢固与否直接影响了音系学的学习。

（2）音系学。

音系学是从语音学中分离出来的一门学科，特定语言中的音谱或语音的系统是其研究对象。音系学旨在对种语言中区别性语音的组织形式进行揭示，并尽可能详尽地描述世界上各种语言音系的性质。

概括来说，语音学对人所能发出的语音进行研究，并不强调语音的排列顺序。音系学研究语言中能够组成语言和产生意义的语音，并重点研究语音的排列顺序。可见，二者之间还是存在区别的。

（3）词汇学。

研究语汇系统的学科就是词汇学。词语的解释、词语的源流演变、词语的构造、词语的聚合关系、词语的形式和意义、词汇系统的层级体系等都属于词汇学的研究范畴。从研究领域来看，词汇学与其他语言学分支既有联系又有区别。一般来说，词汇学主要包括以下三个类别。

历史词汇学：历史词汇学主要采用历时比较的方法研究词汇的起源和发展。

描写词汇学：描写词汇学主要采用共时的方法研究某个时期的词汇系统。

普通词汇学：普通词汇学研究语言词汇的一般理论，探讨词的形态结构、构成方式、词的意义及其发展变化过程等。

（4）句法学。

句法学主要围绕句法规则展开研究，即研究词是如何组成句子以及如何支配句子的。可见，句法学不仅对一个句子的形式和结构起作用，还对其意义的构建起着重要的作用。

例如：Jack saw Mary[in the park].

杰克在公园里看到玛丽。（杰克在公园里，玛丽也在公园里）

Jack saw[Mary in the park].

杰克看到玛丽在公园里。（杰克不在公园里，玛丽在公园里）

句子结构的划分不同，句意也就不同。尽管词语顺序没有任何区别，但上述两个句子的句意却大相径庭。

（5）语义学。

语义学就是研究语言意义以及语言表达之间的意义关系的学科。换句话说，语义是客观现实在人脑中的概括反映，包括以语音形式表现出来的语言和言语的所有内容，具体涉及以下四项：①词的所指；②句子之间的意义联系，如蕴含和预设的关系；③语义关系，如同义关系、反义关系等；④语义特征。

（6）语用学。

语用学关心的是语言是如何被用来交际的，即研究某一语言的使用者如何利用句子而达到成功交际的目的。所以，特定语境中的话语是语用学的研究对象。

根据语用学的理论，言语活动是受社会常规制约着的社会行为。通过对影响言语行为的标准以及支配轮流发言的规则进行研究，语用学提出了关联论、顺应论、礼貌原则、言语行为理论、会话分析、会话含义理论等各种理论和原则，以此来提高交际的效果。

2. 宏观语言学

语言不仅体现在个人层面，还体现在社会层面。因此，除语言学之外，社会学、心理学、人种学、法学等领域也都对语言有一定的研究和探索。随着研究的不断深入，语言研究得以与其他领域的学科相结合，并逐渐成为社会学家、心理学家等的共同兴趣，从而构成了宏观语言学，如社会语言学、心理语言学、人类语言学、计算语言学等。

（1）社会语言学。

社会语言学是指运用语言学和社会学的研究方法，从社会科学的不同角度探索语言的社会本质的一门学科。社会语言学涵盖面非常广泛，包含了语言和社会等方面的许多问题，如语言的社会功能、语言使用者的社会特征等。社会语言学研究各种语言变体的特征及其功能特征和语言使用者特征，因为在一个语言社区中，这三者相互影响并处于动态变化之中。它试图揭示那些在言语社区里解释并约束语言行为以及对待语言行为的社会规则规范。社会语言学试图确定语言变体对其使用者的象征价值。语言变体获得象征价值是语言功能区分的必然结果。

（2）心理语言学。

心理语言学是研究语言交际和人类心理活动的学科，它涉及如何运用语言系统以及为了运用该系统所需要的知识储备。心理语言学不仅研究语言和大脑的相互关系，如话语的产生和处理以及语言习得等；也研究语法的心理语言学以及心理语言学对语法形式的限制；还研究儿童的语言发展，如语言习得理论、语言的生理基础以及语言和认知的关系。

（3）人类语言学。

作为一门科学，人们对语言学的研究要早于人们对人类学的研究。语言学和人类学在早期调查阶段是相互联系的，因为人类学家需要语言学家的帮助，才能研究没有文字的语言。人类语言学家主要研究的是早期无文字语言的历史及结构，他们较为关注语言的起源及其数千年来的演变。

（4）计算语言学。

计算语言学是研究如何运用计算机技术来分析、处理人类社会中自然形成的语言的一门学科。计算语言学属于跨学科领域。语言学有助于理解语料的特殊性质，并提供有关语言结构和使用的描述及理论；计算机科学提供计算机系统设计及应用的理论和技术。目前的应用领域有语言翻译（机器翻译），在大量的文本库中寻找并储存相关资料（语料库和信息提取），以及实现各种形式的计算机多媒体交流。

（三）语言学的发展

语言学是一门领先的学科，在每个社会转型的关键时期，语言学往往能引领时代风气，促进社会的巨大变革。语言学是一个丰富而有意思的领域，具有极大的研究潜力，每年产生出大量相关的论文和专著。语言学还是一门具有理论重要性的学科，源于索绪尔观点的结构主义已经影响到了其他社会科学，如文学研究和社会学研究。作为一门科学，语言学现在已经建立了一整套理论、方法。

现代语言学是在传统语言学基础上发展起来的。有三种因素对语言学的发展起了较大的推动作用：①科学上新的发现与发明以及新的学说的影响；②语言学内部需要解决的问题；③社会的需求。

现代语言学形成于19世纪，经历了以历史比较语言学、结构主义语言学、转换生成语言学和系统功能语言学为代表的几个主要时期。

历史比较语言学在世界各地搜集和整理语言标本，通过丰富的第一手资料的比较、分类、归纳、总结，发现了语言的不断演变发展的客观历史。语言学家在把各个时期的语言、语法、词汇对应关系加以对比研究后，证实了印欧诸语言的有机联系，并且开始研究本族语及其亲属语言的联系和它们的发展规律，从而打破了形而上学的固定不变的框架，建立了现代语言学的第一个里程碑。

历史比较语言学的基本理论有以下几种：①通过比较可以认识每种语言与其他语言不同的特点；②通过比较可以揭示具有共同来源的语言的亲属关系；③亲属语言的不同是因为它们所经历的历史变化不同；④语音比其他语言要素变化得更快。历史比较语言学的局限性是过分偏重于语言的纵向历史研究，而忽视了横向的系统研究。

现代语言学的研究目的是为了揭示人类语言的深层结构，对语言和语言使用做出客观的科学的描述。语言学家对语言的研究从语言的物质外壳——语音开始，进而研究语言的结构和意义，从语言的抽象意义进而研究语言在交际中体现的具体意义，逐步形成了语音学、音系学、形态学、句法学、语义学、语用学等分支学科。语言学研究和社会学、心理学等人文学科的结合逐步形成了社会语言学和心理语言学这样的交叉学科。在语言教学中对语言学理论应用所进行的研究促进了应用语言学的产生。语言和文化关系密切，对语言的研究不可避免地导致对文化以及对语言和文化两者相互关系的研究。因此，语言学是一个研究面非常宽广的领域，涉及人文科学和社会科学的方方面面。

现代语言学以当代语言和口语研究为主。对语言的研究可以分为共时和历时两种。共时是指对某一历史时期的语言进行研究，例如对现代英语或者现代汉语的研究；历时是指对语言从一个时代到另一个时代的历史进行研究。现代语言学理论研究语言的本质、语音、词汇、语法、语义、语言的运用、语言的变体、语言的产生和发展、世界的语言及其分类等，对语言研究所涉及的方方面面进行了全方位的理论分析，既重视传统理论的吸收，又重视新理论、新方法的探讨。

二、语言学对翻译的作用

（一）使翻译过程更具体化

过去讲翻译只是笼统地讲对原文理解要准确、表达要忠实、行文要流畅，然而具体怎样去理解、用哪些步骤、从哪几个角度去理解都不得而知。原因就是没有从语言的外部和内部规律及语言在社会生活的使用过程中表现出的各种功能等角度去认识它。所以，以前讲理解，从某种意义上讲，是靠译者个人的语感、悟性和知识积累，是无章可循的，而语言学理论可以有助于解决这个长期未能解决的问题。

（1）关于理解。

翻译中的理解是整个翻译过程的基础。所谓理解，无非是理解词意、句意、段意，弄明白篇章结构的特点和文体风格。关于意义，刘宓庆先生曾多次阐述过他的观点：自然语言的意义其实是个多向度结构，其中三个主要的向度是概念意义、功能意义和文化意义，翻译时的意义转换必须包括以上各方面的意义。转换的前提是理解，而对这三个向度的意义的理解要运用语义学、语用学、对比文化语的理论和方法才能较好地予以解决。

（2）关于表达。

语言的字、词可以说像金、银、铜、铁等这些原材料，人们的大脑就像一个加工厂，根据表达的需要可以把这些原材料用在合适的地方塑造成各种各样的形状或成品，即根据语用目的，决定语言表达手段和文体风格。如若想抒情，文体必然是形象、优美、含蓄，语义层次必然随着感情的起伏变化而显得丰富多彩，或直抒胸臆，或深邃婉转，表达手段必然多种多样。因此，翻译表达也应在三个层次，即语用目的、表达手段、语体色彩上下功夫，确定译文的表达手段，以符合原文的语用目的和语体色彩。只要这些方面做到了最大限度的等效，就是好的表达。

需要着重指出的是，由于语言文化之间的差异在表达手段上不可能完全对照翻译，而应该根据语用目的做必要的调整。

（二）使译文的验证更标准化

按照中国传统的信、达、雅翻译理论来验证译文质量，没有具体明确的标准，对同一译文有人可奉之为经典，而有人则斥之为糟粕，而运用语言学理论可使之明确化、规范化。如运用语义学验证其词、句、译文的准确度；运用语用学验证译文的语用含义及语用目的的表达的完整度；运用文体学验证语体表现及语言层次的得当度；运用语篇学验证译文的衔接和连贯；运用对比文化学验证译文中各种民族文化色彩表达的结果是否具有同源语相同的效果等。语言学的大部分理论和观点都适用对各种语言的分析和译介。总之，运用语言学理论能对翻译过程进行较全面的描述，对翻译过程中出现的各种变项可以有根据地进行分析，对译文的可接受性和质量评价比较客观。

三、语境与翻译

（一）语境的定义

从系统功能语言学角度来看，语境不仅仅是一个涉及语言使用环境的笼统概念，还是一个从符号学角度来解释语言使用的理论范畴，用于描述意义潜势和语言体现形式之间的相互关系。

系统功能语言学对语境的界定和描述主要由三个层面组成：层次、多功能和潜势。从层次的角度来看，语境可以分为三层：文化语境、情景语境和上下文语境。从多功能的角度来看，语境的配置特别是情景语境的配置同语言的三大元功能对应：语场对应概念功能，语旨对应人际功能，语式对应语篇功能。而从潜势的层面来看，语境又可视为无数意义潜势变化的集合。这种分析方法既加大了语境定义的深度（三个层次），又拓宽了语境特征的广度（多功能），同时还将延续和变化的概率性引入了语境的概念。

（二）言内语境与翻译

此处的言内语境指语言性语境，即上下文。

例 1：Are those books yours？ I want to borrow a good one.

译文：那些书是你的吗？我想借一本（好书）。

“one”是一个常见代词，根据上文“books”一词，显然在此处指代的是“书”，因此可以译出，但根据中文的语言习惯也可以不译出，但量词“本”的使用则一定是根据“books”这个语境而选用的。

（三）言外语境与翻译

言外语境即前文所谓的非语言性语境，包括各种主客观因素，如时间、地点、交际者的身份、交际目的以及有时伴随口头语言出现的手势等。

例 2：If I miss the next train，I will catch the next after that.

译文：如果我错过了这班火车，我就赶下一班的。

“the next”表示时间上的先后，一般译为“下一个”，但此处根据常理，前半句话中的“the next”可能指紧接着到来的“下一班”火车，用我们习惯的表达法来说，译为“这一班”更合适。当然原文后半句还有一个“the next”，根据前文推导出为“下一班”。

语境对翻译的影响体现在方方面面，要把各影响要素都进行有效分类实属不易。对于译者而言，只要时刻牢记“瞻前顾后”看上下文、“博学强记”拓展知识面、“谨小慎微”对待每一个词句，不管语境因素的分类如何，都能译出精彩译文。

四、语义与翻译

语义学是一个与语言学、逻辑学、计算机科学、心理学等诸多学科相关的一门学科，研究对象是词汇、句子、篇章等不同构成的语言单位，并关注符号单位所传达的意义。从严格意义上来分类的话，现代语言学的语义学可以分为结构主义语义学和生成语义学。

语义是指语言内部的关系。语义也是一种抽象的事物，每个有词义的词都有语义，并不是每个词都有所指称的事物。“and（和），hardly（几乎不），yes（是）”这几个词都有语义，但并没有所指称的事物。

词汇有同义关系，同义关系的词又分绝对同义词和相对同义词。绝对同义词是指语法意义、词汇意义、概念意义和关联意义都完全相同，这种同义词在使用中可以任意互换。相对同义词，是指那些具有共同基本意义，又有细微差别和用法上差别的同义词。在任何一种语言中，相对同义词的词汇量都很大。在语言表达中有积极作用可以帮助人们细致地区别客观事物或思想感情的细微差别，从而使思想表达更加精确严密。从语义学角度来研究语言的相对同义词，能降低语言学习难度，能更准确地进行语言互译，能更正确地表达思想。

词汇有语体色彩，指说话人对所谈论的人或事物的态度，或作者对所写的人或事物的态度。语体色彩有两类：褒义和贬义。褒义词表达赞许和支持态度；贬义词表达否定、批评、不赞许或轻视。有些词在不同的语境中，语体色彩会有所不同，甚至会相反。

语义场理论是现代语义学研究中的一项十分重要的成果，一般认为最早是由德国学者特里尔在20世纪30年代提出的，他认为，在一个语义场的范围内，各个词之间是相互联系的，并且每个词的意义由同一语义场内相关词语的意义来决定。词语只有在语义场内才能获得其独特的意义，才能在言语及语言里为听众及读者所理解。语言中在同一语义场内的词汇是相互联系的，多个这样的语义场共同构成了一个完整的词汇系统。在词汇系统中，词与词之间的语义关系相互联系、区分，我们在翻译时必须通过仔细区分词汇的细微的语义差别关系才能确定其确切的含义。

在语义学中，语义成分分析法是一种描述和解释单词、词组和句子意义的方法，是“从一组意义相关的词语中抽取其共同特征的做法”，其理论基础是每个单词的词义可以通过分析与之相关的语义的共同特征而得出。成分分析方法对译者有多方面的意义。翻译质量的标准之一是实现对原文的忠实，成分分析法在翻译过程中能有效地帮助译者准确理解原文、找到与源语对应的译入语词汇，从而实现译入语对源语的忠实。成分分析法一般步骤是从字、词入手，结合句式结构而进行，因此要求译者必须有大量的词汇积累。如果词汇积累不足的话，译者可以反其道而行之，从句子入手，在大概理解句子含义的基础上推敲字、词的含义，也不失为利用成分分析法进行翻译的有效途径。

成分分析法的重要性在于可以帮助确定语言词汇中带有普遍性的意义成分，能够解释词汇之间同义、反义、上义、下义等语义关系。两个词的语义特征完全相同，即为同义词；两个词的语义特征中最后一个特征相互排斥，即为反义词；一个词的特征全部包括在另一个词的特征中时，则二者是上下义关系。

语义成分分析法在翻译表达时的作用也不容小觑。译者常常会有这样的困惑：有几个词语都可以用来翻译源语中的某一个词，该选择哪一个更为确切呢？我们往往凭感觉进行“推敲”，但如果试用一下成分分析法，也许也不失为解决翻译问题的好方法。

第二节 系统功能语言学与翻译研究

系统功能语言学（system-functional linguistics）是由英国著名的语言学家韩礼德所提出的。其强调的系统功能语言学不仅研究语言的性质、语言过程和语言的共同特点等根本性问题，而且探讨语言学的应用问题。

一、语篇与翻译

语篇不是一系列单独的句子，也不是一连串语法或词汇的条款，而是一种复杂的全方位的结构，它的构成不仅仅是单个句子和语法现象的总和，单个句子的分析完全满足不了整个语篇理解的需求，所以篇章分析翻译最基本的第一步，必须“自上而下”地进行，从大到小，从语篇到符号。对译者来说，语篇不仅是语言现象，还必须认识到它的交际功能，把它看作置于一定环境的一个整体，看作广阔的社会文化背景的一部分，以此为出发点，译者的篇章分析应该从文化和语境方面鉴别语篇开始，作为“世界统一体的一部分”；接着，是篇章结构分析，从大结构到词汇衔接情况，包括主题和语篇主体的关系；最后，在总结篇章分析基础上，可以实施翻译策略。值得注意的是篇章分析不是将语言现象隔离开来进行深层研究，而是追寻其“关系网”，认识由语篇关系和作用所决定的个体的重要性。

在翻译过程中，译者要决定被译篇章的重点，这与翻译的任务是分不开的，翻译需要讲究篇章分析的方法和研究，须设定被译文章所需的篇章任务，并预测读者和评论者可能做出的反应。

我们知道对原有结构的使用是由语篇使用者对语境的反映来定的，尤其是使用者所讲究的修辞目的成了某种语篇形式的重点，它体现了原有文化在符号方面组织语境材料的方式，我们在熟悉的普通篇章语境结构内识别这些符号。构成这整个过程的规则就是互文性，我们识别和构建语篇的能力表示一种形式。在选择某种结构时所涉及的另一因素是意向性。符号和意向是成功交流的保证。在翻译中，因文化背景的差异，原作者和译者的意向很可能不一致，译者应采取一定策略以实现其意向。

二、系统功能语言与翻译

（一）翻译研究的系统功能语言学模式

系统功能语言学派始终把语言的实际使用情形，即语言在一定情景下的应用，确立为语言探索的对象；始终把语言在实际情景语境中表达的意义，即言语所发挥的功能作为语言研究的主要关怀；始终把语言交际视为一种社会人所从事的社会行为，而这种言语行为是在包含着情景语言和功能这样三个系统的行为框架里运行，因此把对情景、语言、功能等系统的描写及彼此之间关系的阐述作为其语言研究的出发点和归宿。由此，不难看出，它对“意义”的关注已从传统的脱离语境的静态、狭隘的词语、句子“意义”的描写，转向了对社会、文化语境下动态的、语言使用中的“意义”，即话语的“功能”“交际价值”的发掘和阐释。翻译，作为人类言语行为系统里的一种特殊形式，由于涉及两种言语行为系统，而两个系统在意义、形式和情景上又常常各不相同，因而翻译牵涉到的因素又远较单语交际的情形复杂。

有鉴于此，系统功能语言学模式的翻译研究首先必然在翻译观上将翻译视为一种发生在译语文化环境下特殊的跨语言的言语交际行为，并从构成言语行为框架的功能、形式和情景三大系统间的互动角度出发，对影响翻译中“意义”传递——从对原文“意义”的提取到在译文中对“意义”重构过程中所涉及的多种因素予以描写与阐述，以此建构翻译研究的描写译学篇章。不言而喻，这种立足于社会符号学取向的翻译描写不可避免地意味着对以往译论，包括翻译的实质、标准等在内的一系列基本问题的重新审视和评判，并在此基础上提出和论证从系统功能语言学角度对这些问题的新认识和见解，从而完成翻译研究中的理论建构部分。

就研究方法而言，既然以系统功能语言学为理论指导进行翻译研究，那么自然应该积极运用系统功能语言学理论研究成果，将其作为模型去类推翻译问题，即采纳方法论上的类推模式，但又不应满足于该理论的现有成果。因为作为一种语言学理论，系统功能语言学的研究对象是语言，是使用中的语言，即言语，而翻译并不是它的研究对象，或至少不是它的主要研究目标，因此，不能简单地套用该理论的一些概念、范畴来解决翻译问题。翻译，如前所述，作为一种涉及跨语言系统的言语行为，有其自身固有的特征。所以，我们认为系统功能语言学模式的翻译研究如要取得预期成果，还必须运用以抽象概念表述客体的本质特征、建立特征间关系的纯理论模式，也就是说要将两种模式结合起来。不过，在具体方法上，两种模式的共同之处，是“自上而下”与“自下而上”的结合。既把对语篇的宏观结构、社会、文化和情景的考察作为对具体词语、句子翻译描写与阐释的起点，同时也通过对具体的词、句子翻译的分析来看其所在语篇特征与社会文化“规范”。

（二）系统功能语言学对翻译的影响

众所周知，语言研究和分析中，根据研究者的视角或切入点是形式，还是意义，有形式主义语言学与功能主义语言学之别。这一研究视野的分离以及形成的语言观上的对立在西方具有悠久的历史传统。

作为当今最有影响的语言学理论之一，系统功能语言学源于以人类学为本的语言研究传统，着眼于语言的人本性、社会性，贯彻以意义而非形式为语言研究的方针，因此，它与以“意义”为本的翻译研究有了天然联系，理所当然地成为翻译理论工作者研究翻译、建构翻译理论的思想依托和源泉。

系统功能语言学从其滥觞到发展、成熟，就一直对翻译理论产生着影响，当代不少翻译理论家都直接或间接地从中汲取营养，指导自己的翻译研究，并因此取得了丰硕成果，推动了译学研究向前发展。因此，一定程度上说，在翻译理论界已初步形成了一个事实上的翻译研究功能语言学派。但是，当我们梳理和审视已有研究文献时，又不难发现目前的研究还处于初始阶段，这集中表现在迄今尚未能提出一个系统的基于功能语言学或语篇分析的翻译理论框架，缺乏运用功能语言学理论全面探索翻译问题的扛鼎之作。

目前人们更多的只是应用该理论的一些原理、概念来阐释翻译中的一些问题，比较零散。举例来说，胡壮麟运用功能语法关于语言三大元功能的论述对翻译研究的重要概念“对等”的内涵做了深入挖掘和剖析，入木三分；黄国文则将体现上述语言功能的及物性系统、语气和情态系统、衔接系统等应用于中国古典诗词翻译批评，引人入胜。这固然反映出系统功能语言学用于翻译研究所表现出的广阔前景，但是，显而易见，作为一个博大精深的理论体系，系统功能语言学对翻译研究的作用当然不应止于对翻译中一些具体问题的阐述，还有待于翻译理论工作者和功能主义语言学家在该方面做进一步探索，以建立和发展较为完整的系统功能语言学翻译理论。这无疑不仅将推动翻译理论研究的深化和创新，同时也将促进系统功能语言学自身的进一步发展。

第三节　翻译美学的定义与美学渊源

一、翻译美学的定义

翻译理论自萌芽阶段始便具有跨学科的性质，近几十年来翻译研究结合其他学科的研究成果更是大势所趋，如其与语言学、文学、哲学、美学、心理学、文艺学、社会学、逻辑学、符号学、文化研究、信息技术等的结合。其中，翻译与美学的联姻更是顺理成章的事，并由此形成了一个新的研究方向——翻译美学。

方梦之主编的《译学辞典》中对翻译美学的界定是，揭示译学的美学渊源，探索美学对译学的特殊意义，用美学的观点来认识翻译的科学性和艺术性，并运用美学的基本原理，提出翻译不同文体的审美标准，分析、阐释和解决语际转换中的美学问题。在充分认识翻译审美客体和翻译审美主体基本属性的基础上，剖析客体的审美构成和主体的翻译能动作用，明确审美主体与审美客体之间的关系，提供翻译中审美再现的类型和手段，以指导翻译实践。中西美学流派纷呈，翻译研究的涉及面又广，翻译美学只能宽口径、多角度、多层次地涉及翻译研究的基本问题。

二、翻译学的美学渊源

（一）中国译论的美学渊源

中国传统译论肩负了总结从无到有、从悠悠远古到现代的中国翻译实务，并对之加以理论描写的历史任务。如果将它与西方传统译论加以对比，我们就可以说中国传统译论跟西方传统译论一样，面对历史的艰辛，毫无愧色地履行了自己的使命。

中国传统译论的显著特色是与美学结缘，这是两个“必然”的结果：一是历史的必然，二是翻译的本然之性的必然。下面我们就从清末的译论说起。

1. 马建忠的“善译”论

马建忠生在天昏地暗的清末。当时中国有进取心的士大夫都寄希望于以“新学”挽救民族于危难。马建忠于 1894 年上书清廷，呼吁以翻译倡新学，以配合革新派的政治运作。他在《拟设翻译书院议》中提出了“善译”的美学性质的主张，强调翻译要确知原文“意旨之所在，而又摹写其神情，仿佛其语气，然后心悟神解，振笔而书，译成之文，适如其所译而止，而曾无毫发出入于其间，夫而后能使阅者所得之益，与观原文无异”。马建忠的这种本乎真善美的翻译审美描写，非常符合当时的士人对翻译“所谓何来”的审美趣味和心理特征，因而颇有振聋发聩之效。

2. 严复的“信达雅”论

马氏倡议四年后的 1898 年，严复在其译作《天演论·译例言》提出了“译事三难信达雅”论。严复借传统美学的命题“信”（老子的美言信言论）、“达”（孔子的辞达论）来解读翻译之难，既是应“历史的必然”，也是应“翻译的本然之性的必然”。因此“三难”之说一出，几乎童幼皆知，风靡中国乃至亚洲译坛长达百年之久。

“三难”之说的特点在“雅”。“雅”显然也是一个美学命题。在刘勰的《文心雕龙·通变》中说，“雅俗”与“质文”相对。论艺术功效，雅俗并无高下之分，严复标举“古雅”，完全是出于审美接受论的适境考量。严复对中国翻译影响之深，也在于他精辟的审美接受论。

3. 傅雷的“神似重于形似”论

中国最早的神、形之议始于庄子。《庄子•德充符》里说：“非爱其形，爱使其形者也”，这个“使其形者”就是“神”了。南朝宋刘义庆也议论过形似神似问题，所谓“恒似是形，时似是神”（《世说新语•排调》）。清代焦循对此有评论说，“文之强弱，不在形而在骨，不在骨而在气，不在气而在神。得乎形者知形，得乎神者知神”（《文章强弱辩》），总之是外在的、一时的形貌受内在、恒久的精神支配。这个意思用在翻译上就是傅雷所谓的“重神似而不重形似”。这里值得重视的地方有两点。一是“神”的含义，不应“神化”、唯心化；二是不要得出形似不重要的结论，例如“神贵于形”论（《诠言训》《原道训》）就失之偏颇。“神”基本上是道家的命题，指“生命精神”，“传神”指形体外貌体现内在生命精神；“神”也指“神韵”，是一种超越外在的精神气质。必须指出，在艺术表现中，“形似”绝不是不重要的，而要“巧为形似之言”（沈约《宋书•谢灵运传论》），做到“巧似”，“巧似”符合形式的功能观。我们可以参照康德之论“合目的”的形式美。

4. 钱钟书的“化境”论

“化境”原为佛家术语，翻译家钱钟书将它作为文学翻译的价值标高提出来，意在说明文学翻译的一种至美无形、至美无声的境界，符合中国传统美学关于“以境论美”的审美理念，即艺术作品要体现“自然大化”的生命精神，使之处在出神入化的状态。清代王士祯说，“舍筏登岸，禅家以为悟境，诗家以为化境，诗禅一致，等无差别”。（《香祖笔记》）陈廷焯云“哀艳而超脱，直是坡仙化境”（《白雨斋词话》），也就是所谓身临真如法性的境界，翻译达到了这个至高境界，自然也就“至美无形、至美无声”了。

（二）西方译论的美学渊源

1. 西塞罗和霍拉斯的译论

古典西方译论主要立论于古希腊诸先贤的论著，尤其是亚里士多德所著的《修辞学》和《诗学》这两部对西方文艺美学影响至深的经典著作。西方译论的始祖西塞罗汲取了柏拉图美学观的长处，并灵活地将之运用于翻译和翻译研究上。他提出必须放弃拘泥于“词对词”的翻译，而坚持“意义对意义”的翻译原则，认为在翻译中既要保持原作的内容，也要保持原作的形式，但这种“保持”并非“字当句对，而是保留语言的总的风格和力量”。他的译论影响了一批后来的评论家，如罗马大史学家李维、悲歌诗人奥维德、著名修辞学家昆蒂良、古罗马抒情诗人和讽刺大师霍拉斯等人。

霍拉斯是其译学主张的忠实继承者，他赞成西塞罗的主张，反对以“僵化的忠实概念”作为译文的标准，反对译者成为“奴性的翻译家”，提倡在翻译中运用审美标准。他从艺术的基本观点出发来谈翻译，赞美行文的自然气势，倡导斯多葛式的淡泊美和泰勒斯的自然美。西塞罗和霍拉斯的翻译主张因其对后世的深远影响而使二人成为古典西方译论的早期代表。

2. 哲罗姆和奥古斯丁的译论

西方古典哲学—美学译论的继承者以哲罗姆和奥古斯丁为代表。哲罗姆曾将《旧约全书》译订成拉丁语，其译本被誉为《圣经通行本》，即天主教廷所承认的唯一文本。他认为译者不能死抠原文，而应根据译文语言的特点移植原文的风格，提出了“文学用意译，圣经用直译”和“不逐字对译”的观点。译文贵在自然欣畅，可以加入译者自己的风格。因此，哲罗姆可谓直译、意译兼而有之的折中派代表。

奥古斯丁是罗马帝国末期另一位基督教神学家和哲学家，是亚里士多德和古希腊符号理论的继承者和开发者。此外，奥古斯丁还提出了“美是适宜”“秩序”“和谐”“一体性”等美学命题。他最早有创见地指出翻译的风格应取决于译文读者的要求：翻译启蒙文本需要朴素的风格；颂扬上帝的文本需要典雅的风格；规劝和引导性文本需要庄严的风格。他发展了亚里士多德的符号学说，认为翻译应考虑“所指”“能指”和译者“判断”的三角关系，翻译的基本单位是词，并从译词与原词词义的对等来衡量翻译的对等。他的译论对后世语言与翻译的研究起了重要作用。

3. 马丁•路德的译论

14—16 世纪欧洲发生了文艺复兴运动，是西方翻译史上一次大发展。16 世纪值得一提的翻译家是《圣经》的翻译者马丁•路德，其翻译美学观较为突出。他恪守“意义的真值”，提出语法固然重要，但“言语中的意义和内容不应唯语法是从”；他强调译文的审美价值，赞成译文应该“具有读者能领悟的、在审美上令人满意的本土风格”。他还指出只有意译才能在某种程度上再现原文的形式、风格和精神实质。其后的《荷马史诗》翻译家查普曼领悟到成功的翻译必须抓住原作的“神”与“韵”，使译文犹如原作之“投胎转世”。

4. 泰特勒的翻译原则

17—18 世纪的评论家基本上还是沿袭美学翻译观，有影响力的诸如法国的阿伯兰库、英国诗人德莱顿和蒲伯以及德国文艺大师歌德。他们对文学翻译采取了大体相同的态度。18 世纪末英国译坛名将泰特勒提出了植根于古典文艺美学的翻译“三原则”：①译作应完全传达出原作的思想；②译作的风格与表达方式应与原作属于同一性质；③译作行文应流畅自然，一如原作。

近代和现代语文学派译论家施莱格尔、阿诺德、庞德、瑞恰兹和瓦勒里等人均为文艺批评家或作家、诗人、散文家，因此他们的译论多具有较鲜明的哲学—美学思辨色彩。西方译论的哲学—美学传统直到19世纪中晚期历史比较语言学的兴起才开始逐渐淡化，此前一直占据主流地位。

虽然中西方译论均与美学有着密切联系，但中国传统译论多从偏总体性效果、以全景的视角来探讨翻译中的美学问题，对于如何把握总体性的具体方法或个中规律缺乏深入细致的分析与探讨，而西方传统美学关注的是美的本质问题，把文艺美只当作美的本质的表现形式来探讨，并不关注语言审美，因此西方译论也局限于西方古典文艺美学的范畴。直至19世纪西方美学逐渐从哲学体系中分离出来，朝专门化、多元化、多学科化方向发展，美学课题也逐渐扩及审美主体与审美客体的关系这个更为广阔的领域，方法论上也从单纯的归纳或演绎转向科学的实验验证。科学经验主义与传统的人本主义美学观交相观照、相辅相成，成为20世纪西方美学的主流。在这个大环境下，翻译美学理论也有了相应的发展，逐步形成了一个科学的理论体系。傅仲选的《实用翻译美学》与刘宓庆的《翻译美学导论》在这方面起了重要作用。

第四节　翻译美学的学科体系研究

一、翻译的审美客体

（一）翻译审美客体的概念

审美客体指人的审美行为所及的客观事物。在客观世界中，并不是一切事物都是审美客体。所谓审美客体，必须是与审美主体相对、处在对立统一关系中的客观事物。例如，书店里书架上的《诗经》并不是审美客体，只有当翻译家将《诗经》买回来，开始研究、准备翻译时，《诗经》才成为翻译家的审美客体。当翻译家进入审美过程，体验到了《诗经》中的音美、意美、形美，这时诗中的各种形态的美就叫作“审美对象”。

翻译审美客体就是译者所要翻译加工的原文。但翻译究竟不同于一般的语言审美行为，翻译涉及双语。没有审美价值的原文也可能具有一定的信息价值才有翻译的必要，这种信息价值我们称为功能价值。具有功能价值的原文虽然无艺术性可言，但内容可取。这时，原文的功能价值就可以在翻译制作后转化为译文的审美价值，也就是译文必须符合达意和修辞的基本规范。

（二）翻译审美客体的属性

1. 依附于原文审美

翻译如同戴着镣铐跳舞，不可能如创作一般自由随意，必须在原作审美构成的基础上发挥译者的主观能动性。虽然译作逐渐开始因其独特性而受到欣赏，但原作的审美构成对其而言永远是一个评价的标准和尺度。

2. 对应原文的审美效果

翻译除了必须依附于原作的审美构成外，还必须使作为翻译审美客体的译作取得与原作对应的审美效果。不逾越原作的审美构成是前提，而使译作与原作审美效果相当则是追求的目标。

3. 具有原作者或译作者的风格

作为审美客体之一的原作具有作者的写作风格，无须多谈。我们必须明确的一点是译作也必然带有译者的个性风格，不管他如何努力保持“隐形”并忠实于原作。作为翻译审美主体的译者在翻译中发挥主观能动性是无法避免的事实，正如“一千个读者就有一千个哈姆雷特”，翻译也是如此，同样的作品在不同的译者眼里有着不同的解读，再加上译者各异的翻译原则、翻译方法和翻译风格的影响，译作会呈现千姿百态的差别。

4. 容许历史发展的审美价值变化

不管是原作还是译作，都有其历史性；特定的社会历史环境产生特定的审美价值观，从而影响译者和读者对作为审美客体的原作和译作审美价值的判断。

5. 审美客体的审美价值具有层级性

作为客体的原作和译作的审美价值不是整齐划一的。文体不同、作者不同以及成功与否均可影响其审美价值。一般而言，文学作品的审美价值高于非文学作品（如新闻报道、政府公文、法律文书、科技文献等），但后者的功能价值高于前者。就作者而言，一般情况下大家名家之作的审美价值高于普通作者或译者的作品。但这并非绝对，即使同一作家或译家的作品也有高下之别，其审美价值取决于该具体作品的成功与否。

（三）翻译审美客体的构成

我们在上面阐述的是翻译审美客体的一般属性。实际上，所有的审美客体都具有两个系统的属性：一是本体属性；二是关系属性。上面说的都是翻译审美客体的关系属性，即从原文美与译文美的关系、原作与译者的关系、原作的时代与译者所处的时代的关系等来审视翻译审美客体的属性。这里将讨论翻译审美客体的本体属性。翻译审美客体的本体属性具体表现为翻译审美客体的审美构成。概而言之，翻译审美客体的审美构成，涵盖原文所有的美，这种美分为两个系统：形式系统和非形式系统。这两个系统中存在的一切形态的美都是审美对象，有待在翻译中加以体现。

二、翻译的审美主体

（一）翻译审美主体的概念

在哲学家看来，主体与客体永远处在对立的统一中，没有“客体”就无所谓“主体”，反过来当然也一样，没有“主体”的“客体”是不可思议的。但是在美学看来，归根结底，人这个主体还是世界上一切“美”的创造者和赏析者，没有人这个主体的审美实践性和感应力，世界上一切“美”的客体都将毫无意义，必定消逝归零。必须认识到，在美学看来，人这个“主体”并不就是一个简单的“自我”，而是一个因具有创造性、实践性而“发展了的自我”“变化中的自我”，是一个多维的复合的“自我”。这里的“多维”指它本身包含的一个“四重复合性”。

四重复合性包含以下内容：①自然主体，每一个人都是自然人，因而具有自然属性；②社会主体，每一个人都是社会的人，有社会属性，世界上不存在没有社会属性的；③文化主体，每一个社会群体的人都具有文化属性，世界上不存在没有文化属性的人和群体，他（她）会讲汉语或英语，就具有了一种基本文化属性；④审美主体，文化价值观决定审美价值观，因此世界上不存在完全没有审美价值观的人，有些人可能只有些朦胧意识。

这就叫作“主体的复合性”。主体的复合性常常是审美分析的基本依据，这一点我们必须充分注意。

（二）翻译审美主体的特征

1. 积极进取的审美态度

审美态度是审美主体最基本的特征。一个具有审美意图、意向、意愿、目的或目标的人，一个有自己的理念、理想意志而进入审美活动的人是完全不同于不具有这一切的人的。西方美学强调审美态度者大有人在，因为“态度”一般始于理性，始于观念。实际上，一个人的态度无时无刻不受到时间、地点、环境、对象与主体的关系等客观因素的影响或制约。

2. 活跃动态的审美意识

人的“意识”（或“社会意识”）是一个心理系统，“审美意识”也是一个心理系统。翻译主体第二个重要特征就是具有一个活跃而不是凝滞的、动态而不是静止的审美意识系统。毫无疑问，翻译审美的成败取决于活跃的、动态的审美意识系统的功能发挥。

3. 开放灵活的审美表现

客观世界异彩纷呈，文本世界也一样。世界上不存在绝对相同的两个文本、绝对相同的两种风格，即便是同一个作者的同一部作品，其中的艺术手法也是千变万化的。康德曾说过：“对象化了的美就是该对象的目的性的形式”。康德的意思就是说，相对于形式而言，内容就是目的；只要形式恰如其分地表现了内容，成为内容的恰如其分的外在显现，那么，这种形式就可以说是美的形式。这是我们最基本的审美表现对策。

4. 敏感准确的审美判断

审美判断是笛卡儿早在 1630 年就提出来用以强调审美情感必须融合审美理性的一个概念，从这个概念出发，审美判断要求主体对客体的判断必须符合对它的审美特质的理性分析。这一点当然也适合对语言的审美判断，即对语言的“审美特质的理性分析”就是意义分析。因此准确的语感必须建立在意义理解的基础上，要理解了语言的意义才谈得上赏析语言美。审美判断力绝不是生来就有的，必须后天习得。尤其是关于语言的审美判断，不仅需要有很好的语言素养，而且必须具备关于语言审美的专业知识与训练。

（三）审美客体对审美主体的制约

1. 源语形式美的限制

形式美在美学中是一个很大的课题。形式美指语言的表现手段（语音、文字等）和表现方法上的形式主义。形式美系统在语际转换中受到很大的限制。翻译中形式美丧失似乎是不可避免的，我们只能采取补偿手段。

2. 源语非形式美的限制

如果说源语形式美“尚可知之”，那么源语非形式（超形式）美就更加令人如堕云雾中。非形式美是一种模糊集，无形式可观，无数量可定，无量度可依。如何把握模糊集的美学价值，本身就是美学上的一大课题。艺术作品的气质之美、气度之美、气韵之美，虽然与直观可感的总体语言外象有直接或间接的关系，但是这种美的本质则是非直观可感的、模糊的。就文章的模糊集而言，不同的译者所受到的可译性限度的掣肘有时有很大的差别。源语非形式美存在的意义是非同小可的，它是翻译再现中的原创依据。

3. 双语文化差异的限制

从事译事者几乎未有不深知翻译之甘苦者。若论“苦”，又几乎未有不深知文化隔膜使译者陷入困境之苦者。源语令人感到绝妙的诗文，到了译者那里竟无从下笔。下面这副对联是明末才子金圣叹写的。

天上月圆，人间月半，月月月圆逢月半；

今夜年尾，明日年头，年年年尾接年头。

不了解中国历法和民俗的人根本不可能了解这类妙联的妙处，而它之所以妙，不仅体现在形式上，而且体现在它的文化内涵上。任何高手都不可能通过翻译再现一副在音、形、义上都与汉语相应的“洋对联”。我们很难在语言符号表层找到双语最准确的对应体，也很难弥补美感在音、义上的丧失。审美价值往往具有民族性和历史继承性，这时的审美价值在源语读者心中唤起的感应通常无法转换到译语读者的心中。具有民族性、历史继承性的审美价值通常是无法取代的。唯一明智的对策是将它以美学观点体现出来。

4. 艺术鉴赏的时空差限制

时空差产生艺术鉴赏的不等效，古今同理。时人对《诗经》之美的领略，绝对不可能等同于王（王充）刘（刘勰），也不可能等同于明清时代的读者。艺术鉴赏的时空差常常表现为文风对源语内容和风貌的领悟或有偏差，或有谬误，总之受到一定的限制。

以上四点，是审美客体加之于审美主体的种种限制。除此以外，审美主体还面临一个最基本的、可谓无所不及的限制，即双语之间的差异，其中有语义方面的（如英语词义较灵活、语义涵盖较大，而汉语则相反）、语法方面的（如英语主谓形态比较明显，易于从句法结构上进行识别，而汉语则相反）、表达法方面的（如英语中被动语态用得比汉语多）、思维方面的（如汉语意合重于形合，而英语则相反）等，可以说双语差异不仅是表层的，而且有深层的。正是存在着这种种差异，双语转换才成为颇费周章的、多层面的、高难度的分析工作，才吸引着一代一代的人倾其才情、竭其心志地探索以求。从这一点来看，可以证明翻译是种涉及双语的、令人神往的艺术加工和创造；而且可以预料，随着时代的发展、社会和文化的进步，翻译将成为越来越多的人愿意为之献身的学术事业和艺术事业。

三、翻译审美活动

（一）翻译审美活动的过程

1. 审美认识

审美认识是指审美过程中审美主体对审美对象的感知、注意、记忆、想象、思维等的综合认识过程。在具体审美过程中，不同的审美对象因其审美情趣的不同，认识成分的重心可能很不一致。翻译审美活动的第一步是阅读原文，对原文进行审美认识。对原文进行审美认识的过程也就是分析理解原文各种审美构成的过程。理解原文是审美转化和再现的前提和基础，对原文的各种审美构成分析理解得越透彻，在译文中审美转化和再现的质量就越高。译者必须准确领会原文、源语的语义和语境，使译文能完整再现原文的语境特征、语义特征、内涵外延特征及特定的想象空间。这就需要文学审美理念的引导和把握，使对译文的理解成为对原文理解的过渡和延伸，二者既有逻辑上的准确统一，又有艺术空间上的合理想象和拓展。

2. 审美转化

翻译审美主体对审美客体进行审美认识后，将所获得的各种审美信息在脑海中进行组合，然后形成模糊的画面，这就是审美转化。审美转化接近于译者所理解的原文本，经过无意识的过滤和选择，带着译者的理解方式和个人偏见。另外，由于翻译中的审美转化还牵涉到两种语言、两种文化之间的转换，因此其效果不仅取决于审美主体的个体审美认知能力，还取决于审美主体所属民族的审美习惯和文化差异。

3. 审美加工

翻译审美主体经过了审美认识和审美转化两个阶段后，审美客体的各种审美信息在脑海中汇总，然而这个阶段所形成的画面并不十分清晰，主体所获得的审美感受也可能形形色色、纷繁复杂。这时就需要审美主体运用自身的主观能动性，去粗取精、辨伪存真，对各种审美信息进行筛选、分类、优化，为最后阶段的审美再现做好准备。译者将其所理解的原文本转化为一种新的存在形式，内容还是保持一致，但经过审美加工的内容无论表现形式还是内涵寓意都已无可避免地受到译者个人风格的影响。

4. 审美再现

审美再现就是翻译审美主体将经过审美转化和审美加工的各种审美客体的审美信息用目的语表达出来，将所有审美活动的成果赋形于译文。翻译审美再现的本质是将内省的理解内涵转化为外显的直观形式，也就是为原文的语言形式找到最佳的艺术表现形式。翻译审美再现也受制于源语和目的语两种语言的差异、源语文化和目的语文化的差异以及译者理解作者意图的能力和调和这两种差异的能力，具体包括译者对源语的把握、对作者意图的理解以及运用目的语的能力等。

（二）翻译审美意识系统

1. 翻译审美的心理

审美意识系统涉及审美主体的各种审美心理形式，这个系统始于主体的审美态度，而终于客体的审美再现。对翻译美学而言，深入地认识审美心理结构的运作过程之所以非常必要，是因为翻译是一种相当复杂的分析性心智活动。了解翻译审美心理结构运作过程将大大有利于译者主观能动性的充分发挥，使翻译更能自觉地进行有意识的、符合科学规律的审美体验活动，更有效地实现客观美的主体化，即审美“客体的对象化”，以克服艺术彼岸与现实自我的距离，获取充足的客体的审美信息，再现原文。

人类主要通过视听感觉来认识世界，可见感觉是人类心理活动的起点和基础，也是审美活动的起点和基础。人类主要借助视听产生美感，而美感正是一种高级的社会性感觉。对翻译而言，视觉功能表现为对原文的“览”以及以“览”为基本手段的“默诵”；听觉功能是一种伴随视觉功能的潜在功能。知觉高于感觉，感觉先于知觉。主体感官对事物的感觉常常带有短暂性、个别性以及有待于深化、加工为知觉的特点。知觉常常具有反映对象的各种属性和特征的综合形态，因此可以形成综合性的“知觉意象”。

想象和联想是心理活动中的“由此及彼，由表及里”。联想的特征是想象的自我化，在客观对象的美中融入主体的自我，实现物我同一。这种审美心理过程也叫作“移情”，中国古典美学称为“神入”。审美活动中与联想有关的还有所谓“通感”。通感是审美意识的感官迁移，即打破了“目无赏言之察，耳无照景之神”的限制，使感官职能在想象中转移、互补或交流。就翻译审美活动全程而言，到达了准确、全面而深入的理解层级，即具备了再现的条件。经过一定时间的审美酝酿，就可以着手翻译。

在美学中，情感是贯彻始终的心理因素，又是最初始的心理因素。毫无疑问，在艺术鉴赏中摆脱物质性的、外在的“情感语言”，努力由此出发上升为深层的“概念语言”，即从“文学语言”出发上升到“哲学语言”，正是文学艺术令人神往的美学追求。作为审美者，获得这种升华的途径主要在勤于思索、勤于体验。

2. 翻译审美的认知

审美的情感体验不仅可以带来情感上、精神上的愉悦，还可以超越现实，赋予主体以积极的主观精神，给审美的心理活动中注入理性因素，使审美体验不止步于表感层，而应实现情、景的深层结合。由审美情感所驱动的翻译审美心理机制包括以下四个层级，这四个层级就是我们所谓的“审美心理结构”。

第一层级，感知（感觉和知觉），以直观（直觉）为特征。就翻译而言，主体的感知是对源语审美信息的感应和感受。虽然主体受审美态度驱动，但感知的获得在初始阶段是被动的、消极的。这就是说，以客观存在及其美感感应力为依据，原文中没有的东西，我们不能凭空得到感应而获得感知。这是翻译艺术依附性的根源。

第二层级，想象（包括联想），以移情为特征。想象是审美心理过程中的重要环节，是主体重要的心理功能。此时感性直觉处于活跃的提升状态。审美想象有很强的能动性、迁移性，它已经摆脱了第一层级感知中具有的被动性，而积极要求主体的参与，实现物我同一，因此广泛表现为“移情”。移情是主体参与审美信息形象化的主要机制，移情的最佳结果是“物我同一”。翻译活动虽然基本上是一种综合性分析工作，但想象仍然是不可少的。因为只有通过积极的联想或想象，才能达到深透的、准确的理解，这正是翻译的关键。

第三层级，理解，以了悟为特征。感性直觉通过了悟达到“理性直觉”，这时的审美意象（表象）已经具有了“可再现”的素质。“了悟”在中国的传统哲学中也称为“悟”。“悟”是一种以理解为基础和前提的心理功能，在一般的艺术审美活动中，理解是对审美信息整体的深层意义的揭示和多维度的总体把握。

第四层级，再现，以功能对应为特征。再现是主体审美意象（表象）的外化。翻译审美全程的“终端”（也就是完成阶段）是再现。再现的审美原则是功能上的对应，即将原文之美再现于译文。

（三）翻译审美的标准和理想

翻译审美的标准和理想有两个层面：①译者在进行翻译审美活动时所采用的审美标准和理想；②批评者在批评译作时所采用的审美标准和理想。两个层面既有密切联系，又有所不同。评价原文和译文的关键在于确定其评价依据，对原文进行审美评价的依据是原文本身，是原文的“某种属性、特征、特点的存在或不存在”；而译文评价的依据则是原文，是原作的内容和它的审美品质，即特征、特点和属性。对于翻译审美而言，文本的艺术性特征，即“文学美”，是其所有特征和属性中最重要的一个。文学美是一个多层级但又相互交叉、相互渗透的结构；各层级各司其职，又相辅相成，构成一个和谐的集感性理性于一体、集主观客观于一体的统一。

根据作品的艺术特征这一标准，翻译源语作品可以大致分为非文学作品（包括通知、简报、新闻报道、科技资料、公文文书、条法契约等）与文学作品（包括诗歌、散文、戏剧、小说等）两类。尽管学术、科技和应用文等非文学作品的翻译艺术性不如文学翻译强，但它也具有“审美活动的性质”，因此也属于翻译审美客体的范畴。从翻译美学的观点来看，除了机器翻译之外，任何通过主体进行的语际转换活动都是一种审美活动，其中包括艺术语言转换和非艺术语言转换。然而，由于这两类作品在审美价值和翻译目的上存在明显差异，前者主要是功能价值，后者主要是美学价值，前者多服务于实用性翻译目的，而后者多服务于非功利性翻译目的，因此必须按照各自的特征适用不同的审美标准。刘宓庆认为，就翻译艺术而言，非艺术作品（非文学作品）要求的是基础层级的翻译审美判断，要求运用基础层级的翻译艺术手段，达到基础层级的翻译审美目标和审美理想；而翻译艺术作品（文学作品）的要求则是综合层级的翻译审美判断，要求运用综合层级的翻译艺术手段，达到综合层级的翻译审美目标和审美理想，以期收到更好的审美效果。

第四章　英语翻译技巧与翻译策略探讨

对翻译的基本概念与问题的了解、对英汉语言文化差异的熟悉，是翻译工作必不可少的理论学习过程。缺少这一课虽然有时也能对付过去，但毕竟后劲不足，但只停留在这一步也是不够的。在实际从事翻译工作前，有必要学习一些具体的方法，以便在翻译中应用自如。所以，从理论和实践两个角度了解英汉翻译中最常用的一些技巧就显得尤为重要。

第一节　翻译技巧概述

翻译的技巧实际就是变通的技巧。源语和译入语差别如此之大，不变通无法进行翻译。于是人们创造了一系列可以帮助译者完成翻译任务的具体方法，这些方法表面上看只是示人以路径的操作技能，但每一个技巧后面都有其存在的语言文化基础。因此，在介绍技巧本身的同时，也要提一下每个技巧背后的跨文化语言学的基础，因为这种对技巧较为深入的了解可能帮助译者在其他情况下触类旁通，更灵活地使用技巧，甚至能打开思路，创造出新的方法。

那么，怎样的翻译技巧才能事半功倍呢？应该说，不同的人可以从不同的角度讨论技巧问题，但基本上都会归结到一些相同的技巧上。不过有些技巧的角度新颖，就会令人有耳目一新的感觉。北京大学许渊冲教授套用简单的数学公式描写翻译技巧就是一个很好的例子。现将许教授的数学公式介绍如下。

①加词 2+1=2（加词不加意）。

②减词 2-1=2（减词不减意）。

③换词 2+2=3+1（变换符号不变换意思）。

④移词 1+2=2+1（前后移位）。

⑤分译 4=2+2（一分为二）。

⑥合译 2+2=4（合二为一）。

⑦深化 1 ：2=2 ：4（具体化）。

⑧浅化 2 ：4=1 ：2（抽象化）。

⑨等化 2+2=2×2（寻求灵活对等）。

⑩一分为四 4=1+1+1+1（如莎士比亚戏剧中的“woe”译成“离合悲欢”）。

⑪合四为一 1+1+1+1=4（如鲁迅的“管它冬夏与春秋”译成 I don’t care what）。

在上述公式里，各种各样的翻译手段都用人尽皆知的数学公式表达出来，看起来清楚易懂。如我们最常用的加词法用 2+1=2 的公式表示，虽然在译文中加了 1，但实际价值不变，仍然是 2；又如同样常用的切分断句法在公式中用 4=2+2 表示，简明易懂。许教授还认为文学翻译应该是 1+1=3，译文甚至可能优于原文。所以，有时用新的角度看老问题会创出新意，展现新成果。

技巧这类变通的手段是为克服跨文化障碍创造出来的。翻译中的障碍大多来自词性、词的语义结构和句法结构等方面的差异。所以，这些技巧和手段的作用点也常常是词性、语义结构、句法结构。常用的技巧种类繁多，但主要包括词性转换法、加减重复法、反面着笔法、分合移位法以及专门针对句型结构的方法，如定语从句的译法、状语从句的译法、被动句的译法等，这些都是用在表达阶段的方法。另外，在理解阶段如何理清短语中词语之间的关系也是至关重要的。

第二节　英语翻译常用技巧

一、解包袱法

“解包袱”一词首先是美国著名翻译理论家、语言学家尤金•奈达提出的，解包袱是针对修饰语和被修饰语之间的语意关系不明而提出的一种策略性翻译方法，旨在挣脱形式上的修饰关系，根据语境去理解语意关系，它是理解乃至翻译的一个法宝。

词与词之间的关系有时一目了然，如我们说“漂亮的衣服”，谁都知道“漂亮的”和“衣服”之间的修饰关系。英文也是一样，“ wonderful books”中两个词修饰与被修饰的关系也很清楚。这是因为中文里的“的”字给了读者明确的指示，说明了形容词和后面名词的关系；同理，英文以“ful”结尾的形容词也是一个标记，指示英文中这两个词之间的关系。但是，不一定每个词语都这样明显。例如，报纸上一篇文章的题目是“内蒙古大兴绿色食品”，这个“绿色食品”就不一定是绿颜色的食品。再比如，《纽约客》（*New*

Yorker）杂志上称美国总统克林顿是“the first black president”。克林顿明明是白人怎么会一下子成了黑人？“black”和“president”两个词之间的关系就无法用原来已牢固树立的形容词修饰名词的关系来解读。原来，作者想表示的是克林顿特别重视黑人的利益并与黑人有特别紧密的关系，所以就不能译成“克林顿是第一个黑人总统”，而应加几的个字把“black”和“president”之间的语义关系挑明，如“第一个关注黑人权益的总统”等。但加词就比较困难，因为如果解读错误，加词就必错无疑。比如看到“Clinton is the first woman president”这句话后，就想当然地认为这是在说他和女人有婚外关系这类事，但本句实际是美国女权主义者们的观点，认为克林顿在政治上特别注重妇女的利益，能代表妇女说话，与上面的黑人的情况一样。这就说明，加字必须理解正确。

也许是因为加字有一定问题，或者是因为加字太复杂，许多译者有时为了贪图简便，一字不加地照原样搬到中文里的方法也是常常可以见到的，比如“opinion leaders”就译成“意见领袖”，意见和领袖之间的关系根本没有说清楚。到底什么是“意见领袖”？普通读者也许并不能依靠汉语的语言知识和语感弄懂这个词组的意思。但常读时事报刊的人可能就没有困难，因为他们已经在大量的阅读中了解到这两个名词已被作为一个整体对待，表示能影响或左右舆论的人。

上面的例子几乎都是名词和名词或形容词和名词的关系。但在实际语言中，各类词之间都有复杂的关系。译者在使用各种翻译技巧前，有必要先将这些缠在一起的关系像解包袱一样解开，然后理顺。这样读者就可以不背这个包袱，这就是所谓的“解包袱法”。但应指出的是，理解时译者必须解开包袱，但表达时，我们并不排除“意见领袖”那种译法。下面的例子是解包袱法的重要体现。

例 1：The divorce is less culturally acceptable in a society that is family-oriented.

译文：在以家庭为中心的社会文化背景下，离婚是难以接受的。

句子中的“culturally acceptable”是副词—形容词结构。但是“culturally”不能照搬到译文中来译作“文化地接受”。理解此句必须解开“culturally”，“acceptable”和“society”之间的关系。“society that is family-oriented”提示给我们，“culturally”应为离婚不宜被接受的“社会文化背景”。

例 2：The Chinese seem justifiably proud of their economic achievements.

译文：中国人似乎以其经济成就为傲，（但）这是合情合理的。

这句话很容易被直接翻译为“中国人似乎有理由为其经济成就骄傲”，

到底有没有理由呢？若仔细分析原句，可知该译文与原文语义是有出入的，属于误译。原文副词“justifiably”修饰形容词“proud”并与其共同作系动词“seem”的表语，由于汉语中并没有相似表达，译者可将其拆句理解。

① The Chinese seem proud of their economic achievements.

② The proudness is justifiable.

上面介绍的解包袱法能将紧紧捆在一起的词与词间的语义关系解开，把隐藏的词和词间的连接方式暴露出来，成为在理解阶段译者可以使用的一个法宝。但是，解开的包袱并非一定要照解开时的样子搬到译入语中。也就是说，通过解包袱法分析后的原文可能太具体，因为我们在理解时正是通过加进一些词才将不明确的关系说清楚的，所以我们解开包袱后有时会发现，包袱不解开，译文读者也能理解，于是就决定把包袱重新包起来，照原样放到译入语中，结果我们就有了像“意见领袖”这类的译法。在目前这个追求效率、追求简洁的时代里，这种将包袱原封不动地搬到译入语中的方法也许无法避免。其实不解包袱并非总是没有益处的，照原样复原就可以让读者按原文的思路思考，而且在科技等文本中似乎有必要将不解开的整个包袱当成一个符号对待，解开了反而不利于标准化。从更深层的角度来考虑，语言本身就是“暴虐”的，人的思想正是由语言这个媒介被硬性地包装起来的。即便是解开了包袱，也不见得和语言所指的现实一模一样。只要我们用语言，意义就不可避免地要走样，只是程度不同而已。因此我们应该对“意见领袖”这种译法持保留态度。不过，当原封不动的译法影响读者理解译文时，解开的包袱就不应该重新包起来，加词等变通的手法就不得不用。

二、词性转换法

词性转换（conversion）是最常用的翻译手段。我们学英语时教师总是不停地灌输“词性”这一概念，所以在学生头脑里，名词、动词、形容词、副词、介词、连接词、代词等词类分得清清楚楚。这对学习英语的学生来说，可以说是一个长处，但强调词性概念在翻译时就可能成为译者的障碍。因为，词性概念都是建立在语言的表层结构上，而恰恰在表层结构上英汉两种语言差别很大。在英语里可以用一个名词表达的概念，汉语也许可用一个动词；一个汉语里的副词在英语表达时可能转换成形容词，这类例子比比皆是。词性转换这个手段是以词为对象的变通手段，但其作用所及已不仅仅是词。短语间词与词的关系的调整，句型的转换，使用这些手段时，都可能要同时用到词性转换法。

词性转换几乎可以在所有词性间进行，如名词转换成动词，动词转换成名词，介词转换成动词，副词转换成动词，名词转换成形容词等，都是常常使用的。

（一）名词转译成动词

一些由动词词根派生的名词以及含有动作意味的名词常可转译为汉语的动词。

例 3：Rockets have found application in the exploration of the universe.

译文：火箭已经被用来探索宇宙。

例 4：Two days after his disappearance his wife got the news of his death.

译文：他失踪两天后，妻子得到了他的死讯。

英语中一些带有词缀“er”或“or”的名词有时不一定表示职业或者身份，却可以表示某种动作的执行者，带有较强的动作意味，因此可以转译成动词。

（二）介词转译为动词

英语中介词的使用频率相对于汉语来说要高得多。实际上英语中很多介词在语境中带有明显的动作意味，因此在翻译的过程中为了使汉语表达的通顺流畅，可以根据具体情况将一些介词转译为动词。

例 5：Away she skipped over the lawn， up the path， up the steps， across the veranda and into the porch.

译文：她转身，蹦蹦跳跳地跑了，越过草地，踏上小径，跨上台阶，穿过凉台，进入门廊。

例 6：This nation under God， shall have a new birth of freedom， and that government of the people， by the people， for the people， shall not perish from the earth.

译文：这个国家在上帝的保佑下，要获得自由的新生，而这个民有、民治、民享的政府将永远不会从地球上消失。

（三）形容词转译为动词

由动词派生的形容词在作表语时常常带有动作的意味，因此在译成汉语时往往转译为汉语的动词。

例 7：The substance is not soluble in water.

译文：这种物质不溶于水。

例 8：They were suspicious and resentful of him.

译文：他们不信任他、讨厌他。

英语中许多用来表示知觉、感受、欲望或信念的形容词往往也可以转译为动词，如“afraid，angry，aware，sorry，sure，certain”等。

总而言之，汉语中动词的使用非常灵活，大量使用动词是汉语表达的一个显著特点。在进行英汉翻译的实践中应当注意将一些名词、介词以及其他词性的词转译为汉语的动词，以符合汉语的表达习惯，使译文更加流畅自然。

三、增减重复法

（一）增词法

指根据英汉两种语言不同的思维方式、语言习惯和表达方式，在翻译时增添一些词、短句或句子，以便更准确地表达出原文所包含的意义，这种方式多半用在汉译英里。汉语无主句较多，而英语句子一般都要有主语，所以在翻译汉语无主句的时候，除了少数可用英语无主句、被动语态或“There be ...”结构来翻译以外，一般都要根据语境补出主语，使句子完整。英汉两种语言在名词、代词、连词、介词和冠词的使用方法上也存在很大差别。英语中代词使用频率较高，凡说到人的器官和归某人所有的或与某人有关的事物时，必须在前面加上物主代词。因此，在汉译英时需要增补物主代词，而在英译汉时又需要根据情况适当地删减。英语词与词、词组与词组以及句子与句子的逻辑关系一般用连词来表示，而汉语则往往通过上下文和语序来表示这种关系。因此，在汉译英时常常需要增补连词。英语句子离不开介词和冠词。另外，在汉译英时还要注意增补一些原文中暗含而没有明言的词语和一些概括性、注释性的词语，以确保译文意思的完整。总之，增译的目的：一是保证译文语法结构的完整，二是保证译文意思的明确。

例 9：What about calling him right away？

译文：马上给他打个电话，你觉得如何？（增译主语和谓语）

例 10：If only I could see the realization of the four modernizations.

译文：要是我能看到四个现代化实现该有多好啊！（增译主句）

例 11：Indeed，the reverse is true.

译文：实际情况恰好相反。（增译名词）

例 12：就是法西斯国家本国的人民也被剥夺了人权。

译文：Even the people in the fascist countries were stripped of their human rights.（增译物主代词）

例 13：只许州官放火，不许百姓点灯。

译文：While the magistrates were free to burn down house， the common people were forbidden to light lamps.（增译连词）

例 14：这是我们两国人民的又一个共同点。

译 文：This is yet another common point between the people of our two countries.（增译介词）

例 15：在人权领域，中国反对以大欺小、以强凌弱。

译 文：In the field of human rights， China opposes the practice of the big oppressing the small and the strong bullying the weak.（增译暗含词语）

例 16：三个臭皮匠，合成一个诸葛亮。

译 文：Three cobblers with their wits combined equal Zhuge Liang the mastermind.（增译注释性词语）

（二）减词法

减词（有时也称为省略）则恰恰相反，是把原文中有的一些词省略不用。省略或减词基本上是针对改善汉语行文的手段。英文中有些词在译文中不一定个个都要写出来，写了不能算错，但省略掉会使译文更简洁。英文里的不少代词、连接词在中文表达时省掉才能避免累赘，“他摇着他的头”中的“他的”就可以省略掉。有些情况下，减词也许是因为该词的意思已经融入其他词中，不必再用一个专门的词来表达了。这种减词十分重要，英汉翻译时每个词都不放过的话，译文的可读性就会受到严重影响。下面是几个省略或减词的例子。

例 17：You will be staying in this hotel during your visit in Beijing.

译文：你在北京访问期间就住在这家饭店里。（省译物主代词）

例 18：I hope you will enjoy your stay here.

译文：希望您在这儿过得愉快。（省译物主代词）

例 19：The Chinese government has always attached great importance to environmental protection.（省译名词）

译文：中国政府历来重视环境保护工作。

（三）重复法

重复法是另一个可以使用的翻译手段。本来可以用两个字，却偏偏用四个字，本来可以用一个成语，却偏偏用两个成语，这一类的重复往往是为了“雅”。但有时倒并不是为使用成语之类的“雅”词，而仅仅是为了满足译文行文表达的基本要求，如“You need and deserve admiration.”可以译成“你需要并也值得羡慕。”但如果重复“admiration”就会更通顺：“你需要让人羡慕，也值得让人羡慕。”下面是几个重复的例子：

例 20：You must ask the mother at home，the children in the street，the ordinary man in the market and look at their mouth，how they speak，and translate that way；then they'll understand and see that you're speaking to them in German.

译文：你一定要问一问家庭主妇，问一问街头玩耍的孩子，问一问集市上做买卖的百姓，听听他们说些什么，他们如何说，你就如何译；这样他们就会理解，就会明白：你是在用德语和他们讲话。（重复谓语动词）

例 21：We have to analyze and solve problems.

译文：我们必须分析问题，解决问题。（重复宾语）

例 22：Ignorance is the mother of fear as well as of admiration.

译文：无知是畏惧之源，羡慕之根。（重复省略的部分）

例 23：But we still have defects，and very big ones.

译文：但我们仍有不足，而且是很大的不足。（指代内容的重复）

例 24：I had experienced oxygen and/or engine trouble.

译文：我曾碰到过，不是氧气设备出故障，就是引擎出故障，或两者都出故障。（重复名词）

四、反面着笔法

反面着笔有时也称正说反译或反说正译。其基本概念是原文从一个角度下笔，译文恰恰从相反的角度下笔。采取这个译法时被反面处理的可以是词、短语，甚至整个句子。有时采用这个译法是没有办法的，因为照原文角度下笔在译文中行不通。既然从正面无法翻译，那译者掉转方向，从另一个角度下笔，便可以解决此问题。但有时采用这种方法却是译者为了行文优美的目的，不用这个反面着笔的方法译文并非行不通。反面着笔的方法在实际翻译中如果用得恰到好处，常常会使译者绝处逢生，是英汉翻译中一个非常有用的技巧。下面我们来看反面着笔法的例子。

例 25：酒吧间只有五个顾客还没有走。

译文：Only five consumers remained in the bar.

例 26：这台机器一点儿也不复杂。

译文：This machine is far from being complicated.

由上可见，正译法和反译法主要体现在汉语里是否使用“不”“非”“无”“没有”“未”“否”等字眼，或是在英语里是否使用“no，not”等词或带有“dis-，im-，in-，un-，-less”等带否定含义的词缀。

五、分合移位法

（一）切分

切分（division）、合并（combination）与移位（shifting）也是翻译中最常用的方法。切分与合并的对象可小，也可大。有时原文是一个简单句，但句中的某一个词或短语很难照原样处理，有必要将某一个单独的词拿出来，构成一个单独的从句甚至一个单独的句子，比如“ Those Chinese scientists in Silicon Valley are understandably proud of their achievements.” 这句中的“understandably”就可以拿出来单独处理“这些在硅谷工作的中国科学家们对他们取得的成就感到很自豪，这是可以理解的。”有时切分的单位较大，如将一个长句子一分为二。这时，译者实际在调整翻译单位。下面是切分的例子：

1. 简单句的分译

例 27：Daybreak comes with thick mist and drizzle.

译文：黎明时分，大雾弥漫，细雨蒙蒙。

2. 并列复合句的分译

并列英语复合句常常在分句连接处加以切分，译成两个或两个以上的句子。

例 28：I sat with his wife in their living room，looking out the glass doors to the backyards，and there was Allen’s pool，still covered with black plastic that had been stretched across it for winter.

译文：我跟他妻子一起坐在他们家的起居室里，望着玻璃门外的后院。后院里有阿伦的游泳池，上面还盖着过冬时铺上去的黑色塑料。（在连词 and 处切分）

（二）合并

和切分相反，有时译者要合并语言成分，因为合在一起更符合中文的习惯，译文也更顺畅。和切分一样，合并的可以是几个词，也可以是分句，甚至是几个句子。将几个句子合起来处理，译者的眼光实际就冲破了句子的障碍，是以语段为翻译的取舍单位。合并也是翻译时常常使用的，下面是合并的例子：

例 29：The inauguration took place on a bright，cold， and windy day.

译文：就职典礼那天天气晴朗，寒风凛冽。

原文是三个形容词，但译文中却合并成了两个修饰成分。翻译时有些并列的修饰成分如无特殊意义，译者可以考虑合并，只要原文的意思都包括进去就可以。

（三）移位

将原文的语言成分前后移位在翻译中也很常用。一般来说，移位常用在句内的语言成分间，如把一个词或短语从前面移到后面，把一个从句从后面移到前面。如果想移动两个句子，那就要从语段的角度找依据。除非有足够理由，一般不主张将数个句子前后移位。

例 30：I knew every spot where a murder or robbery had been committed or a ghost seen.

译文：什么地方发生过盗窃案或者凶杀案，什么地方有鬼魂出现过，我都知道。

本句句首的“I knew”被放到了句子的最后面，完全颠倒了过来。

第三节　英语翻译策略分析

一、翻译策略的特征

在翻译理论的“宏—中—微”系统研究中，翻译策略研究居中，既受宏观翻译理论的指导，又受微观技巧的检验，具有上通下达的衔接性。翻译策略处于翻译理论系统的中间层面，是更接近于翻译实践的层面，与宏观理论相比更具实践性。翻译策略随宏观翻译理论的发展和微观技巧的积累而发展，具有开放性。翻译策略可由宏观理论推导而出，也可由微观技巧进行综合、归纳，加以范畴化、概念化。经过范畴化和概念化之后的翻译策略是可复制的、可传授的，成为翻译专业教学的重要内容和手段。

（一）衔接性

宏观理论通过对翻译本质的认识和价值判断来把握翻译，对具体的翻译操作的作用往往通过策略层面传递下去。宏观翻译理论可通过翻译策略来驾驭翻译操作。现有的应用翻译理论与实践研究有两大缺陷：要么用理论来注解实践经验，形成理论与实践的两张皮；要么遵循“实践—现象—问题—性质—特点—归纳—概括”式研究路向，基于对有限的翻译实践做经验总结，提出对策性原则，形成概念或命题化表征。前者把理论问题简单化，把实践问题玄虚化；后者的“不足之处在于抽象孤立的概念或命题，难以对具体复杂的应用翻译实践给予有理据的阐释，尤其是对翻译教学缺乏可描写和可证性的方法论指导”。应用翻译学研究是“宏—中—微”相统一的系统性研究，既要建立核心理论又要有中观策略的过渡，还要有微观技巧为依托。中观的策略是宏观理论与微观技巧、实践的桥梁，属技术理论范畴，它在译者主体的主观认识和实践客体的翻译操作之间形成认识结构和方法论结构，从而使理论与实践联系起来。

（二）实践性

翻译研究的宏—中—微层次分明，领域各异，互有联系。宏观理论在认识层面，着重对翻译本质的描述、解释和认知。中观研究在技术层面，着重对翻译技术的设计和规划。微观研究在操作层面，着重对翻译操作的提示和示范。经常有人抱怨翻译理论不能联系实际，准确地说，应该是宏观翻译理论不直接联系实践，因为宏观理论的主要功能是认识功能、解释功能、批判功能、预测功能和方法论功能，它对翻译实践的指导往往通过中观策略和微观技巧来实现。尽管宏观理论可来自实践，但它又高于实践。“宏观理论与实践的桥接，找到中介物——技术理论范畴，即对实践主体的主观认识和实践客体的区间规律性形成认识结构、实践结构和方法论结构的统一。”

翻译策略一方面由宏观理论自上而下推衍出来，另一方面又从翻译实践中不断滋生。进入全球化、信息化时代后，翻译实务面广量大，新经验日新月异，从大量翻译实践中不断萃取实践型策略，如解释性翻译、深度翻译、陌生化、译前处理、“零翻译”“双向理解”“壮词淡化”“突出主题信息”“模仿、借用、创新”模式等。从实践中产生的中观理论，与实践的关系与生俱来。

（三）开放性

翻译策略随着翻译研究的发展而不断丰富。近半个世纪以来，翻译研究学派纷呈，新理论接踵而出，每一个学派都有不同于别的学派的翻译策略。翻译学派的特征不仅在宏观理论上，而且也在翻译策略上显现出来。自成体系的翻译理论总有与其匹配的翻译策略，两者相辅相成。译者在翻译过程中对传达原作内容和形式的总的设想、途径，都与宏观理论及其学派有关。一定的宏观理论有一定的中观策略，一定的策略常以一定的理论为依据。诺德为实现目的原则而提出“纪实翻译”（documentary translation）和“工具翻译”（instrumental translation），“纪实翻译”和“工具翻译”自然成为目的论的组成部分。纽马克的“语义翻译”（semantic translation）和“交际翻译”

（communication translation）以其语言学翻译理论为依据。文化学派的“改写”“归化”和“异化”有意识形态、政治和历史背景的考量。苏联文艺学派对文艺作品的翻译方法就有自由主义、现实主义和形式主义之分。胡庚申生态翻译学的“三维转换”凸显生态平衡的原则。

（四）可复制性

切斯特曼根据生物学家道金斯提出的模因论概念提出，翻译策略可以看作被译者广泛使用的并且被公认为概念性工具的标准，受训的译员学习这些标准，并将其代代相传，成为一个模因池，而这个模因池不是一成不变的，它是开放的，处在不断地发展、调整和变化之中。模因的概念最早是由生物学家道金斯提出的，“根据道金斯的观点，模因是一个文化信息单位，那些不断得到复制和传播的语言、文化习俗、观念或社会行为等都属于模因。模因可以看作复制因子，也可以看作文化进化单位。人们的观念可以经由与生物进化相类似的方式进化。有些观念比另外一些观念更具生存力；观念可以因人们的传播得到流传，并可能在流传过程中发生变异。两种观念可以通过重组或整合产生新的观念，而新的观念经常包含了原先旧观念中的某些因子”。

切斯特曼特别指出翻译策略可以通过习得行为被教授，也就是说翻译策略可以通过有意识地培养而得以发展和完善，从而形成翻译策略能力。翻译实证研究学派一直坚持策略中心说，并且将翻译策略能力与认知能力结合起来。切斯特曼把翻译策略能力的培养分成四个阶段：新手阶段，即翻译策略被作为一种概念来习得，学生被教授通过对比模式来辨认分析文本中预先设定的翻译策略；高级初学者阶段，即学生们可以通过对比自己的译文列出所观察到的翻译策略，同时也可以让学生以某一特定的翻译策略来翻译某一文本中有标记特征的段落；能力阶段，即关注策略的分析，回答“为什么”的问题，分析译者选择某些翻译策略可能的原因、优先性和目的；成熟阶段，即翻译策略能力的培养从分析思维过渡到直觉行为。学生在某种压力之下进行翻译，他们对合适的翻译策略的把握是通过直觉行为而不是停下来做过多的关于策略的详细思考。也就是说，切斯特曼对学生翻译策略能力的培养是从“operations”到“actions”的过程。

即使反对建构翻译学的张经浩，也认为翻译实践的理论总结在翻译教学中对学生有导向作用，他说：“从事了 13 年文学作品翻译后，对实践进行了些理论总结，在 2006 年出版了《译论》。笔者把这本书用于翻译教学，实事求是地说，它不能帮助学生解决翻译中的具体问题，但有导向作用。”其实，翻译策略只能起导向作用，翻译过程中的具体问题需要译者通过不断提高实践能力来解决。

二、翻译策略的要素

任何翻译策略都有三个要素：理论因子、目的指向和技术因子。

（一）理论因子

当代自成体系的翻译理论都包含一定的翻译策略。反过来，不同的翻译策略也各有一定的理论渊源。20 世纪 60 年代，奈达提出动态对等的理论，即译文对译文接受者所起的作用，跟原文对原文接受者所起的作用大体对等。为了达到动态对等，奈达提出“四步模式”（分析、转换、重组、检验），“四步模式”来源于奈达的动态对等理论。

与纽马克的功能翻译理论配套的有语义翻译和交际翻译的策略，其策略的理论基础是文本类型学和篇章语言学。纽马克把翻译题材分为真实性和虚构性、文学性和非文学性，不同的文本采用不同的翻译策略。

勒菲弗尔的改写是文化学派的代表性策略。该策略以译入语文化的意识形态、诗学和赞助人为三大理论要素，涉及翻译、阐释、评论、编选文集等。严复的《天演论》就是达旨式的译文。对他来说，“达旨”既是翻译原则，也是翻译策略，包含增补、解释和评论。胡庚申的翻译选择适应论，也有文化、交际、语言的三维转换和事前预防、事后追惩之类的策略。

所以，但凡一种以联系实践为指向的翻译理论，都要有配套的策略做过渡。当然，空对空的纯理论因为功能不同，不以解决实际问题为目标，则另当别论。

（二）目的指向

切斯特曼的翻译策略是在翻译规范的理论背景下进行描述的，翻译策略突出以目的为导向、以问题为中心。“切斯特曼在‘规范’与‘行为’之间加进了策略的概念，而‘策略’正是将规范行为与目的行为关联起来的衔接概念。在社会学的概念里，如果不止一个行为者具有相同的目的行为倾向与期待，那么目的行为就会发展成为‘策略行为’，因此，社会学里谈及目的行为时也使用‘目的（策略）行为’一词。”目的论把“目的准则”作为最高准则。这样，译者选择翻译策略或翻译方式以达到翻译目的，本身也成了目的论中的翻译目的之一。文化学派主张异化，其策略目标是要突出源语文化，即译文要显示出有别于目的语文化的特异之处，包括语言形式、民俗习惯、文化传统等。译者所采用的翻译策略与其所处的社会语境有关。翻译策略“是译者处在语言、历史和社会文化关系的张力中所做出的决策。在决策的背后隐藏着翻译活动发起人的各种不同的翻译目的。需要予以特别关注的是，译者的翻译目的是多重的，因而为实现不同的翻译目的所采取的策略自然也就不同”。

（三）技术因子

翻译策略中的技术因子与上层理论有关或从翻译实践经验、翻译技巧的归纳整理而得。

奈达于 20 世纪 60 年代在《翻译科学探索》中提出“动态对等”，意思是译文对译文接受者所起的作用，跟原文对原文接受者所起的作用大体对等。为达到动态对等，他提出了四步翻译模式：分析（analysis）—转换（transfer）—重组（restructuring）—检验（testing）。分析即从语义和语法的不同层面进行文本分析；转换即把分析得到的意义从源语转移到目的语；重组即按目的语规则重新组织译文；检验即对照原文检查译文。奈达将分析阶段分为语法分析、所指意义分析与内涵意义分析等。在分析中强调对原文要有准确的理解，如何将每个词定性为某一种语义范畴，如何才能将表面上复杂的句子变成简单的核心句，从而为下一步“转换”做好准备。奈达对分析过程不厌其烦地一一阐明细节，分别处理，都是为充分地理解原文。

严复从原文出发，为了达到他本人之“旨”，在翻译中采用一般译者不屑、不为或不愿的种种方法，例如取便发挥、替换实例、改造原文，甚至把自己的观点强加于原文等的“实非正法”。为了达原文之旨，严复“不斤斤于字比句次”，不拘于原文形式，重在内容，采用多种有效手段，用自己的语言译述。在《天演论》的翻译中“他一半通过翻译，一半通过按语，将他认为必需的达尔文基本原理、斯宾塞普遍进化观和赫胥黎以人持天、自强保种之新观点摄取，连同他自己的理解、倾向和强调，综而统之，注入书中”。总之，无论“取便发挥”也好，改造原文也罢，严复“达旨”的具体手法不外乎增补、解释和评论三种。

勒菲弗尔改写的技术因子是对源语文本进行重新解释、改变或操纵。翻译过程受到译者的意识形态和目的语文化中占主导地位的诗学的制约，因而对源语文本的思想内容乃至意识形态会有所改变。在翻译的第一个层面上，译者受到拥有“话语权”的赞助人的限制，但在具体操作的第二个层面上，译者有表现权，包括选择翻译策略。勒菲弗尔坚守国际通行的母语原则，即遵照从非母语译入母语的原则，强调改写者要受到母语文化诗学规范和意识形态信仰的制约。

三、翻译策略的分类

当代自成体系的翻译理论都包含相应的翻译策略。反过来，不同的翻译策略都有一定的理论渊源或依据。译者的翻译目的是多重的，因而为实现不同翻译目的所采取的策略自然也就不同。翻译策略中的技术手段五花八门，不同的策略各有特色。

（一）条件型翻译策略

条件型翻译策略是指在特定的条件下形成的策略，使用该策略要满足相应的条件或要求。以下列举并比较“改写”和“解释性翻译”两种翻译策略。

1. 改写

勒弗菲尔提出的改写其实是一种文体样式，包括翻译、阐释、评论、编选文集等。要实现“改写”必须满足三项要求：第一，在改写过程中，译者以目的语文化的意识形态为圭臬；第二，受目的语文化占主导地位的诗学的制约；第三，按母语原则从事翻译。“改写”策略的要素有三：译入语文化的意识形态、诗学和母语原则。由于改写是以某种方式对源语文本进行重新解释、改变或操纵，翻译过程受到译者（有意识或无意识的）意识形态和目的语文化中占主导地位的诗学的制约，因而对源语文本的思想内容乃至意识形态会有所改变。勒弗菲尔坚守国际通行的母语原则，即遵照从非母语译入母语的原则，强调改写者要受到母语文化诗学规范和意识形态信仰的制约。在我国的外宣翻译中，有人把淡化汉语浓墨重彩的描写，简化架床叠屋的程式也称为“改写”，但这与勒弗菲尔的改写相去甚远。既然是我国对外宣传，译者不可能以译入语的意识形态范之，也不见得完全采用对方的诗学形态，当然更不是母语翻译。所以，我国对外传播中，按照我国意识形态和政治要求在翻译中所做的文字处理与勒弗菲尔的改写风马牛不相及，但它适用于下述解释性翻译策略。

2. 解释性翻译

解释性翻译一般用在双语文化或语言差别很大，译入语难以直接表达的场合。如果双语文化或语言差异不大，可以直接表达，就不用解释性翻译，更无须文内注或文外注。解释性翻译是把要解释的内容融合到译文中去，使译文一气呵成，巧妙传达出原文的含义与风格。解释性翻译不仅仅适用于外宣翻译，凡双语文化或语言的差异很大的文本都适用。进行“解释性翻译”，译者可以，而且应该对原文加工，一般是动三种“手术”。一是“镶补”，即补充外国人不懂的背景，通常是加几个字或最多加一两句话就行。二是“减肥”，指的是对堆积辞藻的“美文”进行加工，删节“溢美之言”和“不实之词”。如龙舟赛的宣传品中诸如“银河流星”“海市蜃楼”“水晶宫”“群英会”等，都可一概删节，改成简练的叙述。“抢鸭勇士谱水上凯歌”何所指，恐怕中国人也不懂，不如说“You’ll see an exciting contest of swimmers trying to seize ducks.（你会看到游泳健儿在水上追逐鸭子的紧张比赛）”。三是“重组”，就是按外文表达的需要，把原文的句子拆散，重新组合。一般而言，句子以简短为好，比较符合现代生活的快节奏，段落也可重分，也是以短为宜。

从上可知，改写和解释性翻译虽然同属条件型翻译策略，但它们各自的条件明显不同。改写的条件是顺从译入语文化的意识形态，而解释性翻译的条件是保持源语文化的意识形态；改写须遵守翻译的母语原则，解释性翻译与此不同；改写要遵守译入语的诗学规范，解释性翻译在语言形式上尽可能贴近译入语的形式，但也不是一味追求。

（二）选择型翻译策略

选择型策略由平行的几项分策略构成，翻译时根据文本类型和翻译目的选择其中一项或两项分策略（或以一项为主）。

丁衡祁曾提出公示语翻译的ABC策略，即“照搬（Borrow）、改造（Adapt）、创译（Create）”的策略，实际上是根据公示语的不同语境和翻译要求提出的三种不同的翻译方法。在公示语英译时，如果英语中有现成的、对应的表达，可以直接照搬；如果英语中有类似的表达，可以参照，或加以改造；如果前两种情况都不存在，那么就按照英语的习惯和思维方式进行创译，充分考虑英语的表达习惯。公示语英译可从“照搬、改造和创译”三者中选其一。

纽马克的语义翻译和交际翻译、诺德的工具翻译和纪实翻译、豪斯的显性翻译和隐性翻译，分别由两两平行的策略合成一组翻译策略，译者可根据不同的文本类型、不同的翻译目的和功能、不同的译语受众和情景选择其一。

（三）组合型翻译策略

组合型翻译策略通常由几个翻译步骤合成，各步骤连缀贯通，一般顺序而为。

奈达的“四步模式”，即“分析—转换—重组—检验”，逐一进行，不可颠倒，也不可缺漏。在文本分析的基础上进行语言转换，在转换过程中重组，最后才是检验译文。按规定的四个步骤一一去做，才能达到动态对等的目标。

“看易写”（后改为“看译写”）是林克难在全国第一届应用翻译研讨会上提出的翻译策略。所谓“看”就是阅读、熟悉在相同环境中操英语母语者是如何表达的；所谓“易”就是变易，翻译时模仿英语的表达方式，而不是逐字照搬，使译文符合英语为母语者的习惯；所谓“写”就是根据翻译发起人的意图直接用英语写作。

（四）传统型翻译策略

传统型翻译策略主要指古已有之的直译、意译和音译。直译、意译之争贯穿于中外翻译史。安世高（2 世纪）是我国最早的佛经翻译家之一。他所译经论主要传播小乘佛教的基本教义与修行方法。梁皎慧《高僧传》评他的译本“义理明晰，文字允正，辨而不华，质而不野”。安世高是我国翻译史上最早的直译派的代表，他的译本有的流传到近代以后。而古罗马著名的演说家、政治家、哲学家和翻译家西塞罗（公元前 106 年至公元前 43 年）在他的翻译理论中“主张活译，反对直译”，认为“直译是缺乏技巧的表现，应当避免逐字死译，翻译应保留的是词语最内层的东西，即意思”。

在中国古代佛经翻译的漫长时期，文质之争不断。随着西学东渐，直译、意译之争又起。五四以后，主张直译的鲁迅认为当时翻译界盛行的任意删削、颠倒、附益的翻译方法——意译，让“洋人穿了长袍马褂”，是“削鼻剜眼”的翻译法；意译派认为直译以辞害义，语言不通，让读者不知所云。新中国成立初期，直意之争仍是翻译研究的重要课题之一。“文化大革命”后，直意之争部分地为科学艺术之争和归化异化之争所替代或遮蔽。现在译界普遍认为，直译和意译是两种并存的，可以按不同语境、不同要求、不同目的而采用的翻译方法。直译、意译之争虽然基本平息，但作为翻译实践的两种基本的翻译方法和策略，还将继续进行探讨和研究。

音译最早可上溯到唐玄奘提出的“五不翻”，历史上也多有阐释。近代史上著名的论战是 20 世纪一二十年代的译名之争。章士钊于 1910 年 11 月 22 日在《国风报》第 29 期上以“民质”为笔名发表了《论翻译名义》，欲“讨论意译、音译之得失”，其实是以考察意译的得失为主，提出音译的主张。该文遭不少人反对，章士钊则继续发表文章做出反应，接着，引起热烈的讨论。参加这场讨论的有当时文化界、翻译界的名流梁启超、朱自清、张闻天、郑振铎、沈雁冰、胡愈之、林语堂、孔祥鹅等数十人。新中国成立后我国译界对音译也有讨论，尤其对音译的原则、音译的标准、音译的方法以及术语的翻译问题等均有所及。

1. 直译

现在主张直译的人一般也不完全逐词对译或照搬原文结构。直译允许改动词序、改变词类，在通顺达意的原则下照顾到原文的结构形式。巴尔胡达罗夫认为，逐词翻译的直译是“层次偏低的翻译”，而只有“必要的和足够层次的翻译”才能“传达不变内容并遵循译语的规范”。“层次”是指作为翻译单位的语言等级体系中词、词组、句子之类的层次。卡特福德认为直译是介于意译和逐字翻译之间的一种译法。“它可能始于逐字翻译，但为恪守译文的语法规则而有所变化（如补充额外的词语、变换任何一‘级’的结构等），并过渡到以意群或句子成分为单位进行翻译。”

直译的优点是，在吸收外来有益的新因素，在反映异国客观存在的事物和情调上，比意译更能避免主观因素的干扰。但在表达形式上无须另辟蹊径即可达到忠实于原文内容的时候，译者自然采用直译。

2. 意译

译文内容一致而形式不同谓之意译，即以原文形式为标准，译文在表达形式上另辟蹊径。在翻译史上，对于意译各说纷纭。傅雷说：“我并不说原文的句法绝对可以不管，在最大限度内我们是要保持原文的句法的，但无论如何要叫人觉得尽管句法新奇而仍不失为中文。”他的这一主张实际上跟鲁迅、周作人、茅盾主张直译并无原则区别。艾思奇则说“人们常常曲解了意译，以为为了要‘达’，就可以随着译者的意思任意地增删文句，不必顾虑到原著”。钱歌川对意译的说法是“采用原文大意或甚至有时改变原意，依译者自己的意思写出，结果多是不大忠于原文”。

巴尔胡达罗夫把意译看成是“层次偏高的翻译”。“偏高是指比传达不变内容并遵循译语的规范所足够的层次为高”。这里的“层次”是指作为翻译单位的语言等级体系中词、词组、句子之类的层次。卡特福德认为“意译是等值关系，是在各‘级’之间自由变换的，甚至可以超过这一‘级’”。

意译是基本译法之一。当译者经过曲径探幽，发现需要改变形式才能忠实地再现原文内容时，就采用意译。

3. 音译

音译亦称“转写”，即用一种文字符号（如拉丁字母）来表示另一种系统的文字符号（如汉字）的过程或结果。当源语和目的语之间差异很大、存在语义空白的情况下，翻译不可能直接从形式或语义入手，此时，音译是主要的翻译手段。音译对象主要是人名、地名和新产生的术语。由于音译常受译者方言的影响或选择汉字不同，译音词常不统一。为了使音译规范化，我国编制了多种语言的汉字音译表。例如，中国地名委员会编的《外国地名译名手册》（1983 年）就附有英、法、德、西、俄、阿拉伯等语言与汉语的对照表。当然这些译音表只是试图为以后的译音选取汉字提供规范，至于以前已经约定俗成的译名则不宜更改了，例如“radar”译为“雷达”，“ballet”

译为“芭蕾”等。此外，音译还要遵守名从主人的原则。虽然把“Mencius”（孟子）译成“孟修斯”、把“Chiang Kai-shek”（蒋介石）译成“常凯申”，已成笑柄，但数十年来，中文的人名、地名国际上通常用威氏拼音法拼写，至今我国台湾地区仍沿用，所以“马英九”译为“Ma Ying-jeou”，“董建华”译为“Tung Chee-hwa”。

（五）语言学派的翻译策略

语言学派最早提出翻译策略。语言学派的策略随着语言学的发展和语言学翻译研究的深入而发展。语言学把译学从经验研究带入人文科学研究的殿堂。近半个多世纪以来，语言学迅猛发展，推动着翻译研究的进步。语法学、对比语言学、语义学、文体学、系统功能语言学、社会语言学、语用学、话语分析篇章语言学、语料库语言学、批评语言学等的相继创立和发展为翻译研究不断注入新的血液，使翻译研究与时俱进，新的翻译策略随之产生。以下着重介绍纽马克的交际翻译和语义翻译，以及语用翻译法。

1. 交际翻译

交际翻译是纽马克在《翻译问题探讨》（*Approaches to Translation*）一书中提出的两种翻译模式之一。在交际翻译模式下，“译者努力使译文对译语读者产生的效果与原文对源语读者产生的效果一致”。交际翻译是主要以译语读者为导向的翻译途径。循此途径的译者不会把原文仅仅看作语言单位的串合体，而是将其视作信息的来源，翻译时力求保留原文的功能，并使其对译语读者产生效果。交际翻译与逐字逐句译和直译不同，原文的遣词造句只是译者考虑的诸多因素之一，而不是最主要的依据。交际翻译关注的是译语读者，译者尽力为其排除阅读或交际上的障碍，使交际顺利进行。其重点在于以符合译语语言、文化及语用习惯的形式传递原文的信息，而不必完全保留原文遣词造句的痕迹。以交际翻译为取向，译者享有更大的自由度去解释原文，因此可以做出调整，统一文体特征、排除歧义，甚至修正原作者的错漏。译者以特定的译语读者群为对象，给译文定下具体的交际功能并努力使译文达到这一功能，这实际上也限制了原文的语义潜能。适合采用交际翻译模式的包括新闻报道、教科书、公共告示和大部分非文学作品的翻译。

2. 语义翻译

与交际翻译模式相对，纽马克同时提出语义翻译。语义翻译把表达的内容限制在原文文化范围内，不允许对原文中富有民族文化色彩的概念加以改变。语义翻译为了表现出原作者的思想过程，力求保留原作者的语言特色和独特的表达方式。语义翻译注重词、句的语义分析，译文与原文的形式更为接近。若作者或讲话者使用的特定语言与其所表达的内容同等重要，那么，原文的表达形式宜用语义翻译法来译。不管这类文章是哲学的、政治的、科技的，还是文学方面的。一份重要的声明，其译文应尽可能地接近原文的词汇结构和语法结构。语义翻译由于强调语义分析，力求再现原文词句结构，所以容易出现过译（over translation）。纽马克指出，在语义翻译中，译者必须抓住原文的词句、搭配、结构乃至强调语势，亦步亦趋地翻译，这样才能全面地保持原文的语义及表达形式。纽马克还认为，采用语义翻译法译出来的作品总是逊色于原著，因为语义翻译既然想要保持原著的一切东西，做到细大不捐，就难免顾此失彼、生搬硬套。反之，用交际翻译法译出的作品则可能会比原著要好。纽马克主张不应把交际翻译和语义翻译孤立起来看待，而应结合在一起。在翻译一篇文章时，常常是二者并用，只是其中一种可能会多用到或少用到而已。

3. 语用翻译

语用学是语言学的一个分支。用语用学的原则和方法来处理翻译中的具体问题，是翻译方法之一。上述语义翻译关注话语或文本本身的内涵，交际翻译更重视交际者和言语交际的过程，而语用翻译除了关注文本本身及交际过程之外，还关注文本或话语的动态特征。贝克说语用翻译致力于“研究交际情景中各参与者传达和操纵的意义，而非语言生成的意义，关注在情景中的使用方式及人们在语境中的解读方式”。作为一种等效翻译，语用翻译的焦点不在话语或文本的命题意义的传达，而要求译者充分考虑话语或文本产生的语境、说话人的真实意图等因素。这意味着，语用翻译要努力传达内涵意义、隐喻意义以及交际中的人际意义，如会话、语调、语域等。语用翻译不仅关注指称意义，还关注“话语在交际中的使用方式以及人们的解读方式”的翻译。

（六）文化学派的翻译策略

文化学派研究译文产生的文化渊源，主张将翻译与政治、经济、社会、意识形态等多种文化因素联系起来。相应地提出改写、归化、异化、阻抗、创译、文化移植、文化置换、同化等翻译策略，现主要介绍前五种。

1. 改写

“rewrite”在语文词典上的意思是“to write sth. again or in a different way in order to improve it or change it”，为改善或改变原文而重写。但是勒菲弗

尔的“改写”完全不是这样。他认为翻译就是指在一定的权力、意识形态、机构的操控下对文学的一种解释。翻译就是对原文的改写；改写是在权力运作下的操控，而且翻译只是改写的一种形式，其他手段还包括历史书写、选集、评论、编撰等。改写成了推动文学演变的动力，起着重要的作用，所以勒菲弗尔的“rewriting”跟普通语文词典的释义有很大出入。根据义素分析，勒菲弗尔的“rewriting”保留了原来的核心义素“to write sth. again”“in a different way”“in order to change it”。

勒菲弗尔揭示，所有的改写者都受到目的语文化内在的诗学规范和意识形态信仰的制约。大部分人（如果不是所有人的话）在分享某特定文化的过程中，都不可能接触到“原作”，而这一文化却声称是建立在这些“原作”的基础之上的。因此，我们应该知道，对大部分人来说，种种改写形式，包括翻译，就是原作。由于这种“rewriting”是以某种方式对源语文本进行重新解释、改变或操纵，而在这一过程中，受到了译者的（有意识或无意识的）意识形态和目的语文化中占主导地位的诗学的制约，因而对源语文本的思想内容乃至意识形态会有所改变。“rewriting”也译为“重写”，这一概念在巴斯奈特和勒菲弗尔论述“cultural construction”（文化建设）这一概念时，得到了更为详细的论证和阐释。

2. 归化

这是韦努蒂用来描述翻译策略的术语，在此类翻译中，译文采用明白、流畅的风格，以使目标语读者对外来文本的陌生感降到最低。韦努蒂把这一术语的起源追溯到施莱尔马赫关于翻译概念的著名表述上，认为这类翻译会“尽可能不扰乱读者的安宁，让作者去接近读者”。然而，韦努蒂认为归化这一术语含有贬义内涵，因为它被看作主导文化中的通用原则。这些主导文化“是一些带有侵略性的单语文化，它们不接受外来的东西”。韦努蒂认为，这些文化“习惯于行文流畅的翻译，这些翻译用（目标语的）价值，通过隐形的方式，来刻画外来文本，并使读者在他者文化中意识到自己的文化而自我陶醉”。这里，“隐形”的概念非常重要，因为它在视归化翻译为标准翻译的文化里，被用来描述译者在做出能为社会接受之目标文本过程中所起的作用。实际上，正是因为译者的隐形才同时“决定并掩盖了不易觉察地驯化外来文本的过程”。这样，基于归化翻译之上的方法就会包括如下步骤：精心选择有助于以这种方式翻译的文本，有意识地采用流畅、顺耳的目标语风格，改编目标文本以符合目标话语类型，添加解释性材料，删除源语独有特征以及以目标语的预设与取向来使目标文本变得总体和谐。韦努蒂指出，归化翻译是英美文化中占支配地位的翻译策略，并认为它与存在于英美文化与其他文化之间的不平衡文学关系是一致的。他进一步指出，由于归化翻译广泛服务于本国事务，因此有意识地采用其他翻译策略来挑战它的主导地位，这是很有必要的。

3. 异化

异化翻译又称“小众化翻译，少数化翻译”（minoritizing translation），指生成目标文本时会通过保留原文中某些异国情调的东西来故意打破目标语惯例的翻译类型。韦努蒂认为，这样的概念来自施莱尔马赫。施莱尔马赫论述了这样一种翻译类型，在此种翻译中，“译者尽可能地不扰乱原作者的安宁，让读者去接近作者”。韦努蒂评论说，施莱尔马赫将异化翻译当作首要的翻译策略，他建议在把归化翻译当作标准方法的“过于自信的单语文化”（如英美文化）中采用异化翻译。以这种方式采纳异化翻译将是“在世界事务的现行状态里一种战略性文化干预”，因为它将对优势文化那种试图压制译文中的异国情调（或称“他者”）的心理提出挑战。韦努蒂将异化翻译描述为一种“民族偏离的压力”，并因而认为它具有“记录外来文本的语言和文化差异，使读者置身国外”的作用。具体地说，这样的策略不仅意味着可以不必绝对地服从目标语言和文本的限制，还意味着在适当情况下可以选择不流畅的、晦涩难懂的风格，可以有意地收录源语的独有特征或目标语的古词；这些特点合起来就会达到给目标语读者提供一种“迥异的阅读经验”的效果。然而，因为即便是外国味的建立都要“依赖国内文化素材”，所以韦努蒂承认异化翻译“在解释外来文本时（与同化翻译一样）有同等的偏向性”；然而，他又指出，它们“倾向于显耀它们的这种偏向，而不是将其藏匿起来”。英语中异化策略的例子包括庞德的翻译以及纳博科夫对普希金的诗歌《尤金•奥涅金》的著名直译。

4. 阻抗

韦努蒂采用的术语，指保留文本异国情调的一种文学翻译策略。在此意义上，它大致与异化翻译（foreignizing translation）同义。韦努蒂认为，有一种观点在英美文化中很流行，即唯一有效的翻译方法就是在目标语中生成流畅的目标文本，目标文本极其“透明”，以致可能被人误以为是目标文化的作品。阻抗翻译即被认为是对这一观点的挑战。所谓阻抗，它一方面使“译文读者和译者从通常支配着他们的阅读与写作的文化限制中”解放出来，另一方面又“通过运用英语文化作为在该文化中占次要地位并为该文化所排斥的各种思想观念和推理技巧的载体，对英语文化的主导地位”提出质疑。韦努蒂认为，文化差异隔离了源文本与目标语，面对这些文化差异的经历对读者而言就是一种潜在的解放过程。在实际中，阻抗包括在译文中使用不符合语言习惯的表达形式以及其他在语言与文化上的外来特征，以此形成一种异族印象。这样，它要求译者成为“自己语言的流浪者，母语的逃避者”。但是，正如韦努蒂所指出的，采用阻抗式翻译策略并不一定可以增加译文的忠实性，反而有可能造成一种“滥用的忠信”。在这种译文中，源文本的一些特征丧失了，而另一些特征又增加了。于是，韦努蒂把翻译看作通过“不断遭遇相异点”这个行为去“寻找语言、文化之间的相似点的过程”。但是，译文绝不能企图完全消除这些相异点，采用阻抗式翻译的目的只是让读者注意到“翻译过程中的得失以及文化之间难以逾越的鸿沟”。

5. 创译

改写原文文本使其适应目标语文化和市场需要，不再带有翻译痕迹的创作，称之为创译（transcreation）。创译这种翻译策略在广告、营销、电视、音乐、出版等行业得到广泛的应用。此类的职业化翻译方法改变了人们传统的对等、忠实的翻译观，把翻译放到更大的文化语境中来考察，也就是常说的翻译研究的文化转向。过去通常把文化转向局限于文学翻译，其实非文学翻译，特别是职业化的翻译更需要注重文化的因素，这在本地化行业体现得特别明显。所以，克罗宁提出实用翻译同样需要文化转向。

职业译者是应客户（或译文提供者）的要求而提供有偿服务，因此客户的利益高于一切。译者在做决定时不会考虑原文的读者，却需要考虑译文的用户（读者），并根据用户的需求而调整译文。这就是职业化译员职业精神的体现，即把顾客利益放在第一位。如广告翻译，译者除了要解决韵律、语用、句法、文本、符号等语言方面的难题，还需要站在用户的立场，去了解目标产品的市场营销、目标市场的法律、文化差异对营销的影响等非语言因素，从而再创作出有利于产品销售的广告，所以创译成为最主要的广告翻译策略。

（七）目的论的翻译策略

早在 1972 年，詹姆斯 • 霍姆斯就主张，翻译应分为三个分支：描述翻译学（又称为“翻译描述”）、理论翻译学（又称为“翻译理论”）、应用翻译学。描述翻译学的任务是“描述在我们身处的世界上出现的翻译现象”，包括译本的特点、译本在目标文化环境中所起的作用，以及翻译的过程。理论翻译学的任务是“利用描述翻译学的研究成果，并结合相关学科提供的资料，总结出一些原则、理论和模式，以解释和预测一切在翻译范畴之内的现象”。应用翻译学则包括翻译教学、工具制作、政策研究、翻译批评四个方面。在这三个分支中，描述翻译学是另外两个分支的基础，在此基础上，建立了一套开放的翻译理论。这种翻译理论的任务，用勒菲弗尔的话来说，就是翻译诗学不应有一系列的规范组成，而应该描述翻译者可以采用而且已经采用过的一切可能的策略，如直译、意译、等效翻译、语义翻译、传意翻译等。可是，我们又根据什么来选择翻译策略呢？德国功能派学者费米尔和诺德等提出的“目的论”（skopos theory）是功能翻译理论的主流，可以给我们提供一些指引。

1. 纪实性翻译与工具性翻译

诺德在其著作《翻译中的文本分析》一书中从功能目的论的原理出发，提出两种基本的翻译形式：纪实翻译和工具翻译。纪实翻译是“对原文作者和源语文本接受者之间文化交际活动的记录”，比如在文学翻译中目的语文本将源语文本的思想译介给目的语读者，且目的语读者也能清楚意识到他们所读的作品是译文。诺德对纪实性翻译所举的其他例子包括逐字翻译、字面翻译和“异化翻译”。在“异化翻译”中，为保持源语文本的地方文化色彩，译文会保留原文中一些具有文化特色的词汇。工具翻译“是目的语文化里新的交际活动过程中独立传递信息的工具，旨在实现其交际目的，且目的语读者不会意识到他们所读到或听到的文本曾经以另一种形式在其他交际情景中被使用过”。也就是说，目的语读者所读到的译文就好像是用目的语写成的。而且原文和译文应具有相同的功能，比如计算机使用手册或软件的译文都应像原文一样，实现指导译文读者进行操作的功能，诺德称此为“保存功能型翻译”（function-preserving translation）。然而，他也举例说明了不可能保存原文功能的一些翻译类别，例如为儿童翻译的《格列佛游记》，以及将《荷马史诗》译成小说以适应当代读者的兴趣。

2. 显性翻译和隐性翻译

显性翻译和隐性翻译是豪斯提出的两种对立的翻译模式。显性翻译是一种保留源语文化、使译作读起来像译作而不像原作的翻译方法。按照豪斯的模式，有些文本在源语文化中有着独立的地位，与源语语言和文化有某种内在的联系，直接以源语读者为服务对象。翻译这类文本，有必要采用显性译法，即译文不明显以译语读者为阅读对象。在进行这种翻译时，译者无意制造“第二原作”，因为“显性翻译就是看起来是译文，而不是原文”。由于翻译时严格以源语文化为取向，原作的功能无法在译作中保留。显性翻译是一种较为直接的语言转换，一般不需要进行细微的文化调整。牧师的布道、政治演说和艺术性强的文学作品等适合运用这种方法翻译。

隐性翻译与显性翻译相对，指一种使译作与原作功能等值、译文与译语读者直接关联、适合于实用文体的翻译方法。隐性译文读起来像原文而不像译文。这种译法的目的是掩盖译作的翻译本质，使译作与原作功能等值，适用于翻译在源语文化中没有独立的地位，或者说与原作的语言、传统、历史或文化的其他方面没有必然联系的文本。正因为缺乏具体的文化根源，原作的功能有时可以复制出来，而要使译作的文化结构与原作等值，需要经过“文化过程”。翻译广告、新闻、科技资料等文体时，运用隐性翻译方法是合适的。隐性翻译与交际翻译、工具翻译等说法类似。

第五章　英语翻译理论的应用探索

英语翻译研究有着丰富的理论基础，各类翻译理论无论是对于翻译实践还是对翻译教学，都有着重要的指导作用。本章即从翻译理论出发，对翻译理论的应用进行阐析。

第一节　不同的翻译理论及其应用

一、尤金·奈达的翻译理论与应用

（一）尤金·奈达的翻译理论

尤金·奈达是著名的语言学家和翻译理论家，是公认的现代翻译理论的奠基人，也是语言学派最重要的代表人物之一。从 1945 年开始，奈达共发表 250 多篇文章，著述 40 多部，其著述数量之多、质量水平之高、论述之详尽、系统之完备，在西方翻译理论史上都是空前的。他的代表性专著有《翻译科学探索》《翻译理论与实践》《语言结构与翻译》《从一种语言到另一种语言》（1986，合著）以及《语言与文化：翻译中的语境》等。奈达对翻译理论的贡献集中体现在以下四个方面。

①第一个提出“翻译的科学”这一概念，是“翻译科学说”的倡导者。正因为如此，翻译语言学派也被称为翻译科学派。奈达对翻译进行“科学”研究的标志是 1947 年发表的《论〈圣经〉翻译的原则和程序》。

②奈达从社会符号学出发，论述了语言符号的相互依存性及对比意义，把符号的意义分解为“当下”“分析”和“综合”三个层次，具有极强的操作性。

③奈达在语言学研究的基础上，把信息论应用于翻译研究，认为翻译即交际，某种译文如果不能起到交际的作用，就是无用的译文。因此，译文接受者和译文信息之间的关系，应该与原文接受者和原文信息之间的关系基本相同，在此基础上奈达创立翻译研究的交际学派。

④奈达最有影响力的贡献是提出了著名的“功能对等”（又称“动态对等”）

理论。所谓“功能对等”，就是说翻译时不求文字表面的死板对应，而要在两种语言间达成功能上的对等。“对等”包括词汇对等、句法对等、篇章对等与文体对等。其中，意义是最重要的，形式其次。功能对等是奈达翻译理论的核心思想，在西方翻译理论发展史上占据了重要的地位。

（二）尤金·奈达翻译理论的应用

奈达采用新的方法将词重新分类，克服了传统词法理论对译者的束缚，但这仍然不能完全将译者从原文的局限中解脱出来。原文的句法也是造成译文生硬难懂的另一大障碍。

奈达指出“一个有经验的译者往往不会被错综复杂的句子表层结构遮住视线，他会透过表层结构，看到句子的深层意义”。他认为译者必须避免从句子的表层结构出发直接生成译入语的表层，而应转弯抹角到达目的地。他还把翻译比作涉水过河，如果上游水流湍急，就不能硬闯，而要到下游找一个浅的地方过河，然后再折回上游的目的地。要完成奈达所说的这个过程不仅要改变对词性的传统看法，还要在句法方面有革新的想法，甚至要对语言外的因素，如对社会文化等因素，有些新颖或突破的见解。

奈达认为一个有经验的译者在解释原文时常常会在心中将一个复杂的句子分解成多个这样简单的句子。当我们分解到这一步时，我们实际上已经瞠过了浅滩。但我们还没有到达目的地，因为目的地还在上游。译者如果在这一步停下来是不行的，所以，译者还要重建译入语的表层结构。所谓重建就是要按照译入语的习惯，将数个简单句自然地连接起来，于是一句意义和原文相同的地道的句子在译入语中就诞生了。

但是恰恰是在这个重建表层结构的过程中，翻译实践中出现了很多问题，结果我们常常会看到一些基本语义正确，但原文的侧重、风格等潜台词在句子中却没有得到反映。究其原因，主要是译者仅仅注意了原文的语义，没有关注原文句子内部或句子间衔接连贯的特征，结果没有全面地反映信息。这也是近年来批评奈达理论的一个内容。

另外还应该指出的是，这个从核心句到表层结构转换的过程在实际翻译中是在人的大脑中完成的，绝不会演绎在纸上。这只是一个翻译的模式，旨在描写翻译时译者克服句法障碍的过程。

在翻译过程中译者遇到的困难不仅来自语言之内，还来自语言之外，即语言所处的大环境——政治、经济、文化等社会大环境都会给译者造成困难。比如说在有些文化中上下点头表示轻蔑，但在另一文化中却用摇头来表达同一个意思。同一个符号在不同文化中表达不同意思，不同符号在不同文化中表达相同意思的例子也非常多。“龙”这个字在中文里的联想意义和英文中的就不同。英汉两种语言中看似相同，而实际意义不同的例子能列举不少。怎么才能从理论上找到克服这方面困难的依据呢？奈达借助于符号学，特别是同构体这一概念。符号学的一个基本概念是任何符号，无论是字、词、成语这类语言符号，还是手势、身体活动等语言外符号，或者社会行为这类社会符号，都只有在它本身所处的环境（系统）中才有意义。在具体描写这个关系时，奈达使用了同构体这个概念。奈达认为符号在源语和译入语之间的关系很像数学的方程式，如果我们认为 2-4-8 三个数字放在一起构成一个系统（系统 A），那么 16-32-64 三个数字放到一起也可构成一个系统（系统 B）。如果要将系统 A 中的 2 拿出来，放到系统 B 中就不能用原来的数字，因为 2 在系统 A 中的实际意义与价值恰恰等于系统 B 中的 16。这是一个很深刻的概念，用来描写翻译十分有效。奈达功能对等的理论在用这个概念解释之后便更加清晰了。

由于有了同构体这个理论支持，就可以将许多英文的对应含义用中文词汇翻译出来。例如，“to grow like mushroom”译成“如雨后春笋般地发展起来”，因为“mushroom”在英文中的意义正好等于“春笋”在中文里的意思。应该指出，同构体这一概念不仅可用来解释文化因素，也可以解释语言的其他方面。语言中的许多形象、结构，在翻译时如照原来的样子译过来不合适的话，译者就可以考虑改变原文的形象或结构，以取得与原文相同的效果。

二、彼得·纽马克的翻译理论与应用

（一）彼得·纽马克的翻译理论

彼得·纽马克是英国著名的翻译理论家和翻译教育家。在奈达、卡特福德等人翻译思想的启迪下，他将跨文化交际理论和现代语言学的研究成果（如功能语法、符号学和交际理论等）运用到翻译研究中，形成了自己在许多翻译理论问题上独到的见解和认识。《翻译问题探索》《翻译教程》《翻译论》和《翻译短评》是纽马克的主要代表作。在《翻译问题探索》中，纽马克提出了以下两个重要概念。

①语义翻译（semantic translation）。所谓“语义翻译”，是指译者只在目的语句法和语义的限制内试图再现原作者的语境意义。

②交际翻译（communicative translation）。所谓“交际翻译”，是指尽可能地在目的语中再现原文读者所感受到的同样效果。

语义翻译和交际翻译的区别在于：后者产生的效果力求接近原文文本，

前者则在目标语结构许可的情况下尽可能准确再现原文意义和语境。但语义翻译和交际翻译并非水火不容，在同一篇作品中有的部分须采取语义翻译，有的部分须采用交际翻译，二者相辅相成、互为补充。正如纽马克所说，针对不同的文本类型应当采用不同的翻译方法。总之，语义翻译法和交际翻译法是纽马克翻译理论的核心所在，也是其翻译理论中最主要、最有特色的组成部分。

1991 年，针对原有理论中的不足，纽马克又提出了一个新的翻译概念，并于 1994 年将其正式定义为“关联翻译法”：原作或译出语文本的语言越重要，就越要紧贴原文翻译。这标志着他的翻译理论渐趋系统和完善。此外，纽马克将文本功能分为表情功能、信息功能、呼唤功能、审美功能、寒暄功能、元语言功能等六种，进一步完善了文本的功能分析。

（二）彼得·纽马克翻译理论的应用

传统上，对翻译的讨论总是跳不出直译和意译这个两元框架，而且这种思维基本上是以文本为基准，很少将翻译的目的、读者的情况、文本的类别等因素考虑进去。纽马克认为两元模式会束缚译者，所以他创立了一个多元的模式，其中有 8 种可供选择的方法：

SL emphasis（强调源语）	TL emphasis（强调译入语）
Word-for-word translation	Adaptation
Literal translation	Free translation
Faithful translation	Idiomatic translation
Semantic translation	Communicative translation

在这 8 种方法中，最下面的两种，即语义翻译和交流翻译是核心。左边的几种方法都是强调源语的，只是程度不同，逐字翻译（Word-for-word translation）的方法离原文最近，直译法（Literal translation）比最上面的一种要自由些，但不如忠实翻译（Faithful translation）来得自由，而忠实翻译又没有语义翻译法（Semantic translation）自由。但即便是语义翻译法也是强调源语的，是强调源语的最后一道防线，再向前走一步，译者就跨入了强调译入语的范围了。那么这 4 种强调源语的方法的定义是什么呢？

①逐字翻译。这种方法将源语放在上面，将译入语放在下面，不仅保留源语的语序，而且也将原文中的词逐一译进译入语，直接写在下面，以便上下对照，根本不顾及上下文等因素。有关文化的词都以直译法搬到译入语中。这种译法的目的并不在于交流，而是用这种方法揭示源语的结构，或对比源语和译入语间的差别，是学术研究的一个工具，没有交流的作用。

②直译。这种方法将源语的语法结构转换成译入语中与之最接近的结构，但源语中的词仍然一个一个地译进译入语，不顾及上下文等因素。

③忠实翻译。此法在译入语语法结构的限制内精确地重现原文的上下文意义。但文化词照搬到译入语中，并保留原文的语法和词汇的“异常”结构，目的旨在试图完全忠实于原文作者的意图和文本结构。

④语义翻译。语义翻译也是以源语为依托，但它不同于忠实翻译之处在于更多地考虑源语的美学因素，而且对一些不十分重要的文化词可以用文化上中性的，但功能相似的词来译。在一些非重要的地方，译者愿意为读者多考虑一点。

现在再来看一下强调译入语的翻译方法，即改写（Adaptation）、自由译法（Free translation）、习语翻译法（Idiomatic translation）和交流翻译法（Communicative translation）。这 4 种译法不同于左边 4 种的地方是译文以译入语为依托，强调的是译入语而不是源语，当然强调的程度也不同。改写也算是一种翻译，但最自由；自由译法和习语译法则不如改写那么自由；交流译法是 4 种译法中最严谨的一种。下面是这 4 种译法的定义：

①改写。改写是最自由的译法，常用于戏剧。主题、人物、情节均保留，但源语的文化被移植成译入语的文化，文本则彻底重写。

②自由翻译。所谓自由译法就是重现原文的内容，但不重视原文的表达形式。一般来说，这很像释义（paraphrase）。

③习语翻译。习语翻译重现原文的信息，但却使用一些原文中并不存在的方言与成语，因此，原文的意思略有些走样。

④交流翻译。交流翻译重现原文内容和准确的上下文意义，而且是以读者可以接受、能懂的方式翻译的。

上述 8 种译法的定义主要是根据纽马克在印欧语之间翻译的实践所规定的，所以具体内容并不一定适合英汉间的翻译。但这种分类法显然有其优点。首先译者选择的范围多了。在翻译实践中，译者经常会碰到一些非常规的情况，采取严格意义上的翻译并不恰当。如报社就很少会让译者一句不漏地译出原文。译者除了译笔要灵活外，甚至可能要删去一些内容，并重写原文，这样的编译已经不属于严格的翻译，很接近于改写。在当前信息爆炸的社会里，这种编译性质的翻译方法实际上非常实用。尽管改写和编译之类的方法不够严谨，但是在现实生活中，排除这类译法反而会阻碍信息的交流，因为信息量实在太大，严谨的译法跟不上庞大的信息源。很多在两元框架中找不到“安身之地”的译法，都可以在纽马克的这个模式中找到落脚点。

当然，在实际翻译中，译者没有必要这样严格地区别各类译法，更不用死板地把自己的译法与纽马克模式中的译法对号入座，译者没有必要机械地套用这个模式，但这个模式显然可以帮助译者开阔视野，无论译笔松紧，都能有所依据。在大多数情况下，严格意义上的翻译应采用这个模式中最下面的两种：语义翻译和交流翻译。纽马克的交流翻译大致相当于奈达的功能对等概念。语义翻译忠于的是原文的文本，交流翻译忠于的是译文的读者。在交流翻译中，意义不仅仅是在纸上的文字，同时也来自文字所处的大环境。所以，语义翻译较具体、较复杂，更能反映出原作者的思维过程，而交流翻译则较流畅、清楚，符合译入语的习惯。应该指出的是，纽马克对语义翻译和交流翻译两种译法都持肯定态度。在纽马克看来，有时要用语义翻译，有时要用交流翻译。因此，将纽马克的这对概念和奈达的功能对等与形式对应相提并论显然并不很合适。奈达虽然不排除有时形式对应是必要的，但通过他的论述，我们会发现功能对等是奈达推荐的，形式对应却常成为他批评的对象。

另外，纽马克主张有时应该强调原文，采用语义翻译，这一点当然能够理解，但他的理论大多来自他自己的翻译实践（英语和其他欧洲语言之间）。由于英语和德语或法语之间的差异远小于英语和汉语之间的差异，因此可以说在欧洲语言间翻译时可以采用语义翻译法，在英汉翻译时并不一定可行。也就是说纽马克的基本模式虽然对英汉翻译有所启发，但在英汉翻译中的实际可行性则会大打折扣。英汉翻译中交流翻译法仍然是最主要的方法。

第二节　翻译理论在翻译课程中的应用

一、英语翻译课程

（一）开设英语翻译课程的意义

英语翻译课程一直是我国高校英语语言文学专业中的专业主干课程，它以培养应用型外语人才为目的，既能培养和提高学生语言综合运用能力，又能培养学生的社会实践技能——翻译。

第一，翻译实践是一项综合技能的训练，整个过程涉及源语言的词汇、句法、修辞、文体、文化等各个方面，有助于提高学生的外语水平和在外语方面的基本技能，是对其他外语课程教学的有效补充。

第二，英汉翻译实践涉及汉语语言的运用，对于英语专业的学生来说显然可以弥补他们在汉语学习方面的不足。另外，加强学生汉语能力的培养也有助于对学生进行思想教育，提高对本族语语言文化的认识、了解和理解。而且，对汉语语言文化的了解更有助于提高学生的语言潜能，从而使学生能够更有效地学习外语。

第三，翻译练习材料会涉及各种文体和学科，诸如文学、历史、社会学、自然科学等。这样，在大量实践的基础上，学生的知识结构会得到很大程度的丰富和完善，有利于培养复合型人才，实施复合型人才培养的教育战略。

第四，通过各种文体文本的翻译实践，可以提高学生翻译实践能力，使教学工作在一定程度上面向市场，满足市场需求，提高外语专业毕业生的就业率，从而提高外语学科在国内的声誉，扩大影响范围，进而有助于招生工作的开展。

第五，在翻译教学中也对学生进行理论和技巧的讲授，这不仅可以使学生从理论的高度上提高对翻译实践的认识，提高翻译能力，同时也能提高学生的理论水平，丰富知识结构，为最后的学位论文写作进行积极而充分的准备。

第六，英语专业四年级的学生面临专业八级的考试、硕研入学考试。两者均涉及分量较大的翻译实践。翻译课程为这两种考试的准备至少可以发挥两个方面作用：其一，通过翻译的强化训练，学生的翻译能力能够在较短的时间内得到一定幅度的提高，为学生就业奠定基础。其二，通过翻译强化训练，学生英语应用技能大大提高，从而有助于提高考试的通过率，提高学科在国内的影响。

随着中国对外开放的进一步深化，翻译的社会和文化意义日益突显。因此，加强英语学科的建设，进一步提高翻译教学在学科建设中的地位应成为未来学科结构优化和学科发展中的重中之重。

（二）英语翻译培养目标

英语翻译培养目标主要包括以下六方面的内容。

①具有扎实的英汉两种语言基本功、宽广的英语专业知识以及涉及金融、经贸、法律和新闻等诸多学科领域的相关学科知识。

②具有良好的思想道德素质、文化素质、业务素质、身体和心理素质。

③能够掌握口译的基本理论和专题连续传译的口译技能，学会口译记忆方法、口头概述、口译笔记及公众演讲技巧。

④掌握英汉双语解码和编码的基本理论，掌握英汉词语、长句及各种文体的翻译技巧和英汉互译技巧。

⑤熟悉第二门外语。

⑥具有适应日益广泛国际交流需要的跨文化交际能力以及对文化差异的

敏感性、宽容性和处理文化差异的灵活性能力。

二、英语翻译理论应用

中西方翻译理论纷繁复杂，那么，从事翻译实践的工作者必须学习这些理论吗？通过对翻译著作的研究以及各类材料的显示证明，译者不一定需要系统地学习翻译理论。在翻译界一些公认优秀的翻译家并没有系统地学习翻译理论特别是西方的翻译理论，但是他们的译著却非常成功，例如中国著名翻译家傅雷。对于中国传统的“信、达、雅”这一类的翻译理论，傅雷应该有所了解，但是对于西方的对等和目的论这类译论，是肯定不会接触的，因为在傅雷从事翻译工作的时代，这些理论还没有问世。但是，傅雷在长期的翻译实践中总结了类似的理论，这当然是源于实践的心得体会。中国近现代著名翻译家没有像当代翻译工作者这样在高等院校中接受过系统的翻译学习，也没有接受过翻译理论和翻译实践的培训。词性转换、正说反译之类的翻译技巧，都是当代翻译工作者总结过去的翻译方法时总结出来的，他们自己并没有想到这些技巧。对他们来说，在翻译作品时的转换和调整是水到渠成、不言而喻的事，不用刻意去学习，翻译时根本不会想到技巧。过去的翻译家大多是文学系或其他文科专业毕业的学生，因为爱好或其他原因，开始从事翻译，最终取得硕果累累的成就。但是这些人都有一个共同的特点，那就是中外两种语言基础扎实，对于语言、文化和跨文化交流的本质有非常深入的体会，这种体会可以是理论的，但也完全可以是经验的。所有这些经验，如果进行整理，完全可以成为文学或翻译理论，但对于翻译实践者来说，没有系统整理的、分散的、点点滴滴的想法有时反而更有益处，因为翻译实践遇到的问题并不是系统的，而是分散的、没有系统整理的。所以“没有理论的理论”也许是理论切入实践的一个适用的角度。另外，还有一点可能会被忽视，老一辈翻译家虽然没有翻译理论的熏陶，但他们的文学造诣都很高深，而翻译理论其实在很大程度上就是语言文化理论。

难道学习翻译理论对翻译实践没有指导作用吗？当然不是，如果理论学习得当，完全可以使译者如虎添翼。有人说，学了那么多东西，反正没用学它干什么？理论虚无的态度并不是应该推崇的。比如医学院的学生都要学习解剖学，需要背诵很多东西，如“一嗅二视三动眼；四滑五叉六外展”，十二对脑神经都必须背出来。但假如一个学生毕业后专攻足科疾病，这些脑神经的名称也许用不上。但是作为医学科学的学习，对脑神经的了解却是不可缺少的部分，因为很难断定在与脑神经无关的科目中就永远不需要有关脑神经的知识。所以，如果我们能学习一些理论知识，并能正确运用这些知识，理论就完全会成为我们的帮手。比方说，描写学派重目标语言的理论是否就会给我们启发，在翻译中影响我们的决策？目的论是否会在我们原本不敢大胆删除时给我们这样做的依据？对等理论是否会帮助我们不过度游离原文，造成错译？理论帮助我们在翻译实践中的运用其实是很多的。

但如果理论应用不当，却完全可能适得其反，这也是不争的事实，如果我们自己并不是真正熟悉某个理论，却要在翻译实践中套用上去，这样结果往往不好。在翻译这台“戏文”里，理论不应该是总在“前台”晃悠的演员，它应该先由译者消化成自己的知识，成为译者丰富的内涵，然后在背景处潜移默化地影响译者的决策，而不是对号入座地硬把某个理论与某个译法配对成双。翻译理论运用于实践，应该是自然地应用，而不是硬逼出来的。译者最终的任务是提供一个好的译文，而不是应用一个好的理论，从这个意义上说，傅雷他们这批优秀翻译家的理论基础其实是非常厚实的。

第六章　应用型翻译人才培养下的英语翻译教学模式

随着人类文明日臻完美、社会经济日益发达和科学技术日新月异，全世界各国、各民族的经济一体化趋势正在迅猛发展，而世界范围的文化全球化也开始初露端倪。在这样的大背景下，英语翻译开始在全球范围内盛行起来，英语翻译教学也随之迅速发展起来。

第一节　我国英语翻译教学的现状分析

一、英语翻译的教学内容现状

翻译作为一种具体实用的教学手段，被适度而合理地运用于外语教学实践中。随着中国与国际交流的日益频繁，综合素质高、专业精通、外语扎实、具备较强翻译能力的实用复合型翻译人才日益受到用人单位的青睐。显然，只靠规模有限的英语专业来培养翻译人才，是无法满足这种需求的，况且英语专业学生的理工科知识极其缺乏，有时根本无法胜任科技英语的翻译工作。

事实上，目前不少从事翻译工作的都是非英语专业的人员，他们具备较丰富的专业知识，通过实践的磨炼，翻译能力得到极大的提高，完全能胜任工作。这昭示着非英语专业学生是可以成功转型为翻译人才的。然而，转型给大学英语教学改革带来了前所未有的巨大挑战。传统的大学英语翻译教学只是教学翻译，并存在着诸多问题，不利于学生翻译能力的培养，更不利于学生的成功转型。

当前，我国大学英语教学正在进行新一轮的改革。为了适应高等教育新的发展形势，深化教学改革，提高教学质量，满足新时期国家和社会对人才培养的需要，教育部已颁发了《大学英语课程教学要求（试行）》（以下简称《课程要求》），作为高校组织非英语专业本科生英语教学的主要依据。《课程要求》明确指出："大学英语的教学目标是培养学生英语综合应用能力，特别是听说能力，使他们在今后工作和社会交往中能用英语有效地进行口头和书面的信息交流，同时增强其自主学习能力、提高综合文化素养，以适应我国经济发展和国际交流的需要。”英语综合应用能力包括听、说、读、写、译五个方面，翻译是有效进行口头和书面信息交流的重要技能。因此，翻译教学是大学英语教学的重要组成部分。

随着科学技术的快速发展和社会的不断进步，今天已经处于一个经济、文化多元化发展的新时代，人们的思想意识和观念也随之产生了变化，这种大氛围的改变使得学生的思想、个性也从根本上发生了深刻的改变，从而需要更丰富、更新鲜的教学内容来刺激他们的神经，激活他们的学习动力。但是，在今天，大部分院校的英语翻译教学内容仍旧大量沿袭和采用传统的教材，这些传统教材的专业性一般都较强，且比较偏重于理论，也不能反映现代社会的社会现实；同时，能够反映时代信息的科技、外贸、影视、媒介、法律、军事等题材的教材很少。这种情况下，学生不仅无法掌握更多的相关专业知识和专业术语，传统教材也给学生的翻译学习和实践造成很大的困难。

此外，有的学校给所有专业的学生配备了同一本翻译教材，而专业不同的学生对英语翻译的需求也是不同的，因此这种情况不仅不能满足各个专业的教学需求，而且会导致学生学不到和自己专业相关的语言知识，更不用说学到更多的翻译技巧了，同时学生的学习兴趣就会大减，学习的积极主动性也会受到很大的打击。可见，在现代社会环境下，英语翻译教材的内容是否新鲜和全面都会在很大程度上影响学生英语翻译的学习，以及英语翻译能力的培养和提高，因此，使英语翻译教学内容与时代同步已经成为发展英语翻译教学刻不容缓的重要举措。

二、英语翻译的教学模式现状

纵观近几十年来的大学英语教学，翻译一直未受到足够重视。受考试的影响，在听、说、读、写、译五项技能中，翻译一直摆在最次要位置。教师只重视与大学英语四、六级考试有关的英语听力与阅读的学习与训练，对“译”的处理则完全局限于课后的翻译练习，而课后的翻译练习是用来检查和巩固学生对课文的语言知识的理解，至于翻译习题的讲解则仅仅是对照标准答案，既不系统地讲翻译技巧，也不提任何翻译理论；更何况这种练习一般都只是以词和句子翻译的形式出现。句子的翻译如果离开了语境将什么也不是，而一个词在新的语境当中将会是一个崭新的词汇，会呈现一个新的含义。根据德利尔的观点，这种教学方式为“教学翻译”而不是“翻译教学”，或有的教师虽然讲解了一些单句的翻译技巧，但并不系统化，结果造成了学生在课堂单句翻译时，尚能将理论与实践对应，而一旦进入课外的真实语篇翻译，就发现方法、技巧似乎一条也用不上，有时是该用的地方根本想不到要用，有时是张冠李戴，不该用的地方胡乱套用，从而导致了学生学习兴趣的下降。陈旧的教学模式严重阻碍了学生翻译能力的发展和提高。

目前大学英语教学中涉及翻译方面的翻译教学，除课文的英译汉外，主要是指导学生做汉译英练习。通常的做法是：先布置学生做练习；然后批改练习，力求将学生作业中的错误全部挑出，并逐一改正，唯恐落下“误人子弟”的口舌；最后讲评练习，仍以改错为主，针对普遍性的典型错误一一评析。这种教法不仅费时费力，而且效果不好。教学仍是教师的“一言堂”，不符合“以学生为中心”的现代教育理念，课堂气氛沉闷，教学效果不好。

因此，在翻译教学中，应该强调“以学生为中心”的现代教育理念，注重对学生学习过程的研究，改进翻译教学方法。以讲评翻译练习为例，就应一改过去教师包办和“一言堂”的做法，发动学生同桌互改，或小组讨论集体修改，或针对某一学生的作业，由全班同学讨论修改。这样的教学方法，可以开拓学生思路，培养他们主动学习、自己发现问题并解决问题的能力，还能活跃课堂气氛，改善教学效果。

三、英语翻译教师的素质现状

大学英语教师队伍中，相当一部分是从学校到学校的教师，他们的翻译实践很少甚至为零，根本不知道如何捕捉翻译的时代脉搏，从而导致了学生所学与社会所需严重脱节，而翻译教学思想应该反映时代的特征，体现翻译所肩负的重大使命，这是翻译教学最基本的价值观。另外，为了满足高等教育大众化的需要和经济发展的要求，高等教育的规模按每年 8% 左右的速度继续发展，目前英语教师和学生之比已达到 1 ∶ 130。师资紧张直接导致了班级规模日益扩大。授课班级过大、学生多，不少教师难以因材施教，只能以“满堂灌”的形式来开展课堂的翻译活动；此外，迫于平时工作繁忙，科研任务重，教师没有足够的时间和精力进修或自修以提高自身的素质和业务能力。以其昏昏，怎能使学生昭昭呢？学生的翻译能力可想而知。

四、英语翻译课程的教材现状

目前的翻译教材一般都会涉及翻译理论知识（翻译技巧和基本技能）的讲解，而这些基本理论的讲解对翻译的初学者来说是非常必要的。俗话说“没有规矩不成方圆”，因此对于初学者来说，如果没有一定的翻译技巧和技能的指导和制约，他们便不知道如何才能更好地翻译，也不知道自己的翻译是好还是不好。然而，由于目前高校所使用的翻译教材不太容易进行举例教学，且其中的文学类例子较多，对于翻译初学者来说较为困难，而适合他们的简单的、基本的例子则相对较少。同时这些教材还存在一定的滞后性，教材内容大多滞后于时代的发展，因而缺乏合适的、时代性强、信息性强的翻译例子。在这样的情况下，学生会因为教材内容较难或较为乏味，不能引起他们学习英语翻译的兴趣而厌学。从教材设置上来看，大部分的教材都更加重视学生听说能力的提高，对于学生听说能力的培养也都有专门的辅助教材，而提高学生翻译能力的辅助教材的数量却相当少；在教材中，翻译练习的数量也较少，即便有练习，也大多为汉译英练习，也就是说学校在学生翻译能力培养认识上存在着一定的误区，使得不少学生只要提到翻译，就会下意识地认为是将汉语翻译成英语，而在很大程度上忽略了英译汉能力的提高。调查发现，在非专业英语教材中，基本上很少甚至没有提到英语翻译的技巧及理论问题，这就使得很多学生只知道翻译实践，却不重视翻译的技巧及理论指导的学习。

针对上述情况，建议教师首先要确立要把翻译作为语言基本技能来教的指导思想，充分利用精读教材所提供的语言活动材料，把翻译知识和技巧的传授融入精读课文的教学中，有意识地培养学生的翻译能力。例如，教师可以在每篇课文中有目的地选取一些句子或段落对学生进行有针对性的翻译训练，通过原文与译文在词的语义和语用、句子结构、语篇布局等各个方面的深层次对比分析，使学生理解翻译知识和技巧，还要辅以适当的补充练习，使学生在句子和语篇层面上加强翻译训练，做进一步的消化巩固。练习的形式可以是多种多样的，课内的或是课外的，独立思考或是开展讨论等。这样的翻译教学是有的放矢的，也应该是行之有效的。

当然，对学生翻译能力的培养不应只依赖单方面的翻译知识的传授和技巧的训练。听、说、读、写、译五种语言基本技能不是孤立的，而是相辅相成的。在语言教学中，培养翻译能力还要从其他诸多方面着手，如通过加强词汇和语法教学，夯实学生语言学习基础；通过加强精听、泛听、精读、泛读训练，增加学生的语言输入，为语言输出做好准备；通过加强中西方文化的对比分析培养学生语言学习和运用中的文化意识，提高文化素养等。

五、英语翻译课堂的教学现状

目前，一部分翻译教学以课堂为主，以书本为中心，教学模式相对单一。教师对语法知识的传授投入了较多的精力，但由于课时所限，难免顾此失彼，在翻译技能培训方面不够重视。学生往往追求正确答案而不求甚解，没有积极思维意识。这往往影响学习效果，无法更上一层楼。此外，调查发现，我国的大专院校学生对英语的词汇、语法的学习大都比较关注，常常将大部分时间都花在词汇、语法等语言点上，而这不利于应用能力的培养与提高。

六、教学与测试之间的关系现状

当前，由于缺乏统一的英语翻译教学的教材和教学大纲，各学校在教学安排上也具有较强的随意性，这也就造成了英语翻译教学重点不突出，翻译能力测试评估不规范，翻译教学内容覆盖面较窄，翻译测试目的不明确，缺乏较为统一、客观、科学的评价体系的结果。且在测试中常常不会涉及学生翻译的技能测试，也就导致学生认为既然考试不考，所以也不用学习，最终无法巩固所学知识的现象，即翻译教学和测试不同步。此外，从四、六级考试上来看，英语翻译考试只占到了四、六级整体考试分数的5%，而听力及阅读理解占的比重很大，这也就导致学生对翻译学习的倦怠，甚至完全没有把翻译能力重视起来。

七、学生个人翻译的素质现状

（一）学生个体素质的差异

大学英语是一门公共必修课，它针对的是非英语专业的大学生，学生的个体存在较大差异，他们的总体英语水平也不尽相同，因而会对英语翻译教学有不同层次的要求。学生的个人英语水平也直接影响翻译教学的效果，这并不是说学生英语水平高，翻译质量就高，而是说假如该学生有较好的词汇功底，并能在听力、阅读、书面表达等其他方面都能有较高水平的表现，那么他的翻译教学效果就应该会比较好；假如某学生的英语水平较低，他想要达到预期的翻译教学效果也会比较困难。

（二）学生的英语功底

1. 学生英语功底不扎实

近年来，我国高校不断扩招，从某种意义上讲，如今的学生平均综合能力水平不如以往。学生英语基本功不扎实，不仅会直接影响到翻译课程教学，也给教师的翻译课程教学带来一定的困难。《课程要求》提出，高校大学生应能借助词典对题材熟悉的文章进行英汉互译，英译汉的速度应最慢为每小时300个英语单词，汉译英的速度应最慢为每小时250个汉字。大学生翻译的译文应基本流畅，并可以在进行英语翻译时使用一定的翻译技巧。根据目前的调查发现，虽然我国对大学生的翻译能力提出了具体要求，但是这一要求对今天已经学完大学英语教材的学生来说还是有一定难度的。在大学英语翻译教学的实践活动中，常常可以看到这样的现象：一方面，学生能够明白某篇英语文章，以及文章中的某些段落和句子的意思，要他们做阅读理解或选择填空这种客观性较强的练习时他们可以很好地完成，但是如果要他们用母语（汉语）将这些英语文章或段落、句子准确地翻译出来，就比较困难了。大多数学生在进行英语翻译时，常常会拘泥于原文句子的结构和词序而对其进行直译。另一方面，如果需要将汉语翻译成英语，这对学生们来说困难就更大了。而学生的英语翻译水平在很大程度上影响了他们对语言的学习及其他能力的培养，也在根本上制约了学生英语翻译水平的提高。

翻译能力是语言综合运用能力之一。然而，从被公认为可以衡量英语学习者水平的一些大型标准化语言测试可以看出，学生的翻译能力有待提高。

首先，部分学生不能正确选择词义或者根据上下文引申词义，从而造成译文理解上的障碍，甚至闹出笑话。

例 1：The aim of this course is to develop the students’reading skills.

译文：这门课的目的是发展学生的阅读技巧。

例 1 的译文不太精确，但意思还能理解。“develop”在一般情况下译为“发展、开发”，除此之外，还具有许多其他意义。例 1 中的“develop”可解释为“培养”，翻译成“这门课的目的是培养学生的阅读技巧”比原译文更好。

由此可见，学生在确定词义时，必须根据该词在行文中的搭配、组合关系来判断。英语单词的词义比较灵活，同一个词、同一词类，在不同场合往往会有不同含义，必须根据上下文的联系、逻辑关系或句型来判断和确定某个词在特定场合下应具有的词义，甚至还要将词义加以引申。如果脱离上下文，孤立地翻译一个词，就很难确切表达句子的深层意义。

其次，学生汉语译文的词序或句序，拘泥于英语原文的词序，在英汉表达习惯不同的情况下，常出现一些牵强、别扭的译文。

例 2：It is simple that different people do the same things in different ways.

译文：只不过是不同的人做同样的事以不同的方法。

例 2 译文的词序显然不符合汉语表达习惯。英语中短语状语可放在被修饰动词之前或之后，而译成汉语时，大多数放在被修饰动词之前，当然也有放在后面的，应灵活翻译。这句应译为：只不过不同的人用不同的方式做同样的事情而已。总之，由于英语和汉语表达习惯不同，在不少情况下，译文必须改变词序或句序。这一问题应当引起广大学生的重视。

再次，学生通常不善于根据汉语译文的需要而改变词量，添加词或减少词也是在翻译过程中常见的错误。英语原文中有几个词，其译文就有几个词，这种译文常出现错误甚至过于累赘。

例 3：Matter can be changed into energy，and energy into matter.

译文：物质可转化为能量，能量进入物质。

例 3 这句译文，让人看了莫名其妙。英语中常因惯用法或上下文关系，省去不影响理解全句意义的词语。但汉语译文中必须增译这些省去的词语，否则译文就不够清楚。此句英文的后半句省去了动词“change”，在翻译成中文时要添上。正确译法是：物质可转化为能量，能量也可转化为物质。

例 4：It is considered of no use learning a theory，without practice.

译文：脱离实践学理论被认为毫无用处。

这样翻译虽然并没错，但很牵强。由于汉语中被动句的适用范围很狭窄，所以在翻译被动句时，除一些可以保持被动态外，很多情况下可译成主动句。这句话可译为：人们认为脱离实践学理论毫无用处。

最后，英语中经常会出现很长的句子，学生在译这些长句时，往往不善于将长句中的前置词、短语、定语从句等转译成分句，从而在译文中出现人们不习惯的外语式长句。

例 5：I am one of the many city people who are always saying that given the choice we would prefer to live in the country away from the dirt and noise of a large city.

译文：我是许多总是说如果让我们选择，我们宁愿住在乡村，远离大城市污秽和喧嚣的城里人之一。

例 5 用了一句定语从句，译文语法上没错，但不符合汉语表达的习惯，当英语定语从句的结构较为复杂时，可以将句中“××的”定语部分译成分句。这句可这样译：许多城里人总是说，如果让我们选择，我们宁愿住在乡村，远离大城市的污秽和喧嚣，我也是其中之一。

另外，英语中被动语态使用较广，学生翻译这种句型时经常译成“××被××”，使译文生硬。

学生在学习翻译的过程中，发现自己的不足后，有的非常重视，对翻译学习也持认真的态度，然而他们却没有找到适合自己的学习方法，以致事倍功半，并且产生了畏难情绪。还有些学生，学习态度不端正，往往是看看答案，或者是大致地翻译后便去对答案，这种学生的依赖心理和惰性都比较强，一旦发现自己的翻译能力总是不能提高，就产生了焦虑的情绪。从平时学期末考试和历届四、六级考试的成绩看，学生的实际翻译水平亟待提高。很多学生的翻译测试部分是交了白卷或胡写乱画的，这直接影响了他们的整体英语水平。对学生的调查问卷结果显示，越来越多的学生已经意识到了这个问题，并由此产生了极大的焦虑心理和畏难情绪。

同时，在学生的翻译练习实践中也暴露出了很多不足。很多学生在平时学习过程中，钟情于林林总总、五花八门的教辅书，对教师布置的课文或句子翻译练习，直接在教辅书上对一下答案了事，不进行仔细的推敲和揣摩。就是在做模拟试题时，也是跳过翻译部分，或草译一下便急于核对答案，结果当然可想而知。这样的学生惰性强，只寄希望于老师讲解，不愿亲自下功夫实践，只是盲目焦虑，依赖心理重。另有一部分同学认识到了自己的翻译能力不足之后，非常重视，对平时的翻译学习和操练也持认真的态度。可是他们没有找到适合自己的学习方法，他们或找一本翻译理论书硬啃条条框框，或稀里糊涂地做一大堆练习而不善于及时归纳总结知识要点，更不懂得将翻译学习与其他技能的提高互联，其结果是感到翻译学习事倍功半，又产生了畏难情绪。这些都不利于翻译知识的学习和翻译能力的提高。

2. 学生不了解英语文化

目前，我国的学生对英语文化知识的了解较少，这也是造成他们在进行英语翻译时语误频频的重要原因。

调查发现，现阶段我国大批院校在英语翻译的教学中对与英语相关的文化知识重视不够，这就使得学生对西方民族的文化习惯、信仰以及价值观等方面的背景知识文化不甚了解；同时，在英语翻译学习中学生也没有进一步地去了解英语单词在不同句子中的不同意思，使得他们只会按照字面上的意思去进行英语翻译。举例来说，英语单词“help”最普遍的意思是“帮助”，但是它在不同的句子里有不同解释，拿“Please help yourself to some pork.”这个句子来说，意思是说“请随便吃点肉”，“help”在这里充当的是句式的一部分，因此不能拿来单独翻译；而在“The medicine helps a cold.”这个句子指的是“这种药可治疗感冒”，可见在这个句子里也不能直接地将“help”翻译成“帮助”，而要依据上下文的意思进行翻译，在这里译成“治疗”就比“帮助”更加确切。学生们因为对西方文化缺乏一定的了解，再加上汉语语言习惯和思维惯性的影响，在具体的英语翻译实践中，常常会造成对英语的误解，致使出现翻译语误，例如在“You are a lucky dog.”这个句子中就不能将“lucky dog”翻译成“幸运狗”，而应将其翻译成“幸运儿”，之所以这么翻译，是因为在西方国家里，狗被看成人们的好朋友，因此也就有褒义。此外，在学习英语翻译的过程中，学生也常常会因为对西方语言环境及文化的不了解，而译出一些中国式的英语，从而闹出笑话，类似的例子有将“好好学习，天天向上”翻译成“good good study，day day up”，将“给点颜色瞧瞧”翻译成“give some colour see see”等，产生这些现象的根本原因往往是由于学生对西方的思维方式、表达习惯等不了解。

八、翻译教学理论和实践的关系现状

能够帮助学生对翻译的原则形成较为健全的意识，并能使其自觉地将所学到的翻译知识运用于自己的翻译实践中，是翻译教学最重要的目标之一。而这种健全的翻译原则意识很明显地只能建立在某种健全的理论基础之上，所以任何一种严谨的翻译教学都要以中肯且切要的理论作为指导。和其他课程相比，翻译课的实践性较强。因此，翻译教学不能只局限在教师讲解或学生练习的单项活动的层面上，而应是教师讲解理论知识、学生实践练习的一种较广泛的教学行为。

作为一名初学者，他所学习的理论知识一般只涉及翻译操作的一些基本知识和技巧，所以他们的每节课教师讲解的内容都没有其他课程那么多，这也就使得有时候教师会感觉到初级翻译课程没什么可讲的，他们会将大部分时间留给学生去进行英语翻译练习。而相对于这门课来说，翻译练习确实需要占用很多的时间。所以如何组织学生进行翻译练习，如何调动学生练习的积极性，如何激发他们的兴趣和合作精神，如何让他们主动而不是被动地参与练习，是翻译教师们需要摸索和探讨的问题。学生接受事物的能力存在一定的差异，因此选择翻译材料的难易等问题都会影响到教师的课堂组织与管理，而在学生进行翻译实践的过程中，他们基本没有或很少将理论运用于实践中。因此，如何选择翻译材料就成为教师必须考虑的一个问题，如果翻译材料较为简单，就不易引起学生足够的重视；如果翻译材料太难，又会让学生失去翻译的兴趣，有时甚至会导致学生放弃翻译。

可见，英语翻译教学中诸如此类的因素常常会直接或间接地造成教师的理论讲解和学生的实践练习结合不起来，或者使学生在实践中不能将已学的理论知识和实践结合起来，使得理论与实践相脱节。

第二节　国外英语翻译教学的现状分析

一、英国翻译教学现状

英国的翻译研究在世界翻译研究领域中占有重要的地位，无论是纯理论研究还是应用性研究，其成就都极为辉煌，是世界翻译史上的一面光辉旗帜。近些年来，翻译教学作为一门独立学科发展迅猛，表现出其特有的教育理念，

值得研究和借鉴。

（一）翻译教学思想和教学体制

从翻译教学的思想来看，在20世纪50年代以前，翻译基本上被看成一种技能，缺乏明确的理论指导。正如汉斯•弗米尔所言：“翻译教学实际上传授自下而上的语言技能(bottom-up skills)，即学生是学习单词、词组、句子，理解文章的意义，然后再用母语表达所理解的意义。”翻译的教授方式也十分单一，只是靠教师的言传身教，缺乏系统性和科学性。从20世纪50年代早期到整个60年代，翻译被认为是“应用语言学的一个分支”，语言学的研究成果确实给翻译研究注入了生命活力。在这个时期，翻译教学的任务是让学生学会根据上下文来确定待译文本中语言要素的意义，然后在目标文本中寻求最恰当的对等语言单位。20世纪七八十年代以来，翻译研究从其他学科的“理论框架和方法论中吸取了更多的营养”，如心理学、交际理论、文学理论、人类学、哲学、文化研究等，功能主义的翻译教学方法因此逐渐兴起。翻译不仅是不同语言之间语言单位的转换，还是跨文化交际。翻译教学的目的是培养能够进行跨文化交际的人才，译文必须在目标文化中产生预期的作用，发挥相应的文化功能。

从翻译教学的体制结构来看，20世纪70年代以前，译者培训机构形形色色，有政府机构、国际组织、职业协会，甚至大型企业或私立学校，当然也包括大学的院系。20世纪80年代至90年代初，职业培训和学校教育之间原来森严的壁垒逐渐消除，许多职业学校、技术学院、培训机构逐渐合并于国家正规大学的教育体制，原来独立的翻译培训机构基本上不复存在；大多数翻译培训项目转而设在大学原有的语言学系、文化研究中心，或成为大学中跨学科研究学科。大多数的培训项目学习时间并不太长，目的是在学生原有本科教育基础上提高特定的翻译能力。学校授予的翻译学士学位和硕士学位使翻译教育在高等学府中的存在更具有学术性和合法性。许多大学还设立了翻译研究博士学位，翻译研究从此摆脱了纯粹经验性的对比研究，开始与传统的语言学、比较文学和社会文化研究融为一体，成为全方位的理论与教学方法的研究对象。另外，由于实证主义思想的影响，高等教育人才培养模式开始逐步“走向市场”，传统高校陆续开设实用性强的翻译教学项目，其翻译教学体现出面向社会的特色。

（二）翻译教学特点

①英国在教学中注重实际，各个学校都比较注重外语能力、母语能力、

翻译能力、实际技能、计算机操作技能和专业知识的培训。各个学校善于根据学生的实际情况和国际上对翻译人才的需求，探索有效的翻译教学模式，教师对翻译教学的研究多有创新，较少跟在其他欧洲国家后面亦步亦趋，较少照抄其他国家的研究文献。例如，纽马克的《翻译教程》及其翻译教学的经验就包含了许多实用的观点、事实和例证，以及通俗易懂的方法原则。

②英国翻译教学比较注重理论的指导作用。这与英国在世界翻译研究中占有重要地位有关。在当今各个翻译理论流派中，英国都有举世闻名的翻译理论家，如萨瓦里、卡特福德、斯坦纳、纽马克、巴斯奈特、哈特姆、贝克等。英国在翻译研究方面的突出成就和理论创见自然而然地成为翻译教学的重要内容。在有权授予翻译学位和文凭的大学中，2/3 以上的大学专门开设了“翻译理论”或“翻译研究”课程。

③英国翻译教学培养模式多元化。这种多元文化既可以适合不同学生的能力及需要，扩大学生选择学习的范围，使学生有宽广的发展路径，又能为翻译学学科的发展注入永久的活力和生机。英国翻译教学没有一个统一的模式，教学时间长短不一，教学目的各有侧重，教学方法多元互补，教育思想百家争鸣，因此各校的翻译教学各具特色，极大地活跃了学术探索的气氛。

④培养模式多途径化。绝大多数大学都将时间较长的学位培养计划分解成时间更短的翻译文凭和证书课程模块。英国硕士培养时间通常为一年，而文凭和证书培养时间更短，不足 10 个月，学费也相应较低。这样灵活多元的培养模式不但较好地满足了社会对各类翻译教学的需求，也在一定程度上实现了教育的普及化和大众化。此外，授课方式灵活多样，除远程教育外，还有全日制、非全日制，甚至“三明治式”课程（指课程学习与工作交替进行，从事新职业的人员可以视其为职前训练以适应新的工作；在职人员则视其为继续深造提升的途径，利用工作闲暇接受训练）。以布里斯托大学为例，它所设置的翻译（法英翻译）文凭 / 硕士课程均在周末开班，非常适合上班族提升自己的职业技能。

在教学评估环节上体现“订单制”也是英国翻译教学的一大特色，各高校除根据不同的培养目标，让学生撰写毕业论文之外，还可以选择多种方式以完成具体翻译作品或项目来毕业。以英国的英国伦敦大学学院为例，学校开设与翻译研究、翻译技巧、电子交际与出版、翻译技术相关的大量课程，并根据不同培养路径从中挑选课程进行模块组合。学生通过选修不同的课程模块，可以有 5 种途径（理论与实践途径、电子出版途径、理论途径、翻译实践途径、技术途径）来获取该校的翻译理论与硕士学位。不过在这方面学校必须在教学评估环节上严格把关，使社会真正得到所需的不同层次的翻译人才。

⑤英国的翻译教学紧跟社会需求，不少高校从社会需求和学校办学条件出发，开设了不少新的翻译专业方向的课程，并随之针对培养目标具体安排教学内容，如法律翻译、商务翻译、科技翻译、视听翻译、翻译与写作或专业性笔译、交替传译、同声传译和对话传译等。同时，各高校还通过讲座、中期测试评估等方式让学生了解本身的能力及潜能，并根据就业兴趣及时调整自己的专业方向和培养途径，从而为未来学业及就业做出计划。这样，翻译教学就做到了教学重点突出、实用性强并紧跟市场需求。

从英国翻译教学情况来看，可以得到一些启发：英国多元化翻译教学较为成功的一个重要原因是其教学定位清晰、导向明确。一般大学的翻译课往往只是作为语言学习的辅助课程，而不是职业培训。翻译院系又有各自不同的教学目标，每一层次都严格制定教学目标，因此才能有针对性地制定教学大纲、开设课程，进而选择书目、实施教学。国内目前的翻译教学在人才培养类型、层次等方面与社会需求之间存在较大矛盾。由于翻译人才的培养规格和模式比较单一，长期遵循学术导向的单轨制教学模式已不能与社会需求接轨。

另外，翻译教学的学科专业特色并不突出，许多中国大学的翻译课程极少与翻译紧密相关，即使开设了一两门翻译课程，也未必覆盖翻译方面学生必须掌握的基本内容，不能适应市场或学术研究对高级翻译人才知识结构和能力的要求。对此，英国翻译教学为人们提供了一个多层次、多类型的培养模式实例，对我国翻译教学有重要的启示意义。翻译学在中国作为一门新型学科正在起步发展之中，应当在翻译教学领域进行大胆改革，使之紧跟社会步伐。

二、法国翻译教学现状

在法国的文化生活中，翻译有着举足轻重的地位。随着社会的发展与国际交流的日益频繁，翻译将占有越来越重要的地位。在法国，直接或间接从事各种翻译的人员也越来越多。培养译员是一项重要的任务，法国在翻译人才的培养方面，积累了相当多的经验，翻译教学也比较受重视。

法国有专门培养国际会议译员和职业翻译的学校，例如巴黎高等翻译学校和高等翻译学院。也有不少综合大学、文科院校有翻译系或开设翻译课程，如东方语言学院、巴黎第七大学等，但院系名称有所不同，有的称“翻译系”或“文学翻译系”，有的称“语言与技术系”或“翻译与交际系”，还有的隶属于文学、语言学、社会人文科学、经济法律等专业，或归属于“外国语言应用”或“跨文化研究”专业。除此之外，更多的是教授语言的学校，它们沿袭传统的做法，在语言学习期间开设翻译课程。由此可以看出，接受翻译训练的不仅有语言专业的学生，还包括部分人文和理工科专业的学生，从大学一年级到硕士和博士，层次不等，其中部分学校获得了授予翻译学硕士和博士学位的资格，另一些学校则授予相关专业职业文凭，对在职人员进行口笔译实践培训，或指导学员从事翻译理论研究。

（一）翻译研究的跨学科现象

研究显示，法国各个高校的翻译教学和翻译研究已经远远超出经验论阶段。如果说翻译也是交际，而交际的目的是交流思想，那么翻译的对象自然是思想和意义。问题是意义又是如何形成的？语言学研究成果对翻译学研究有很大帮助，但不能完全解释翻译中出现的问题和现象。心理语言学研究成果揭示了译者在翻译过程中言语初迹的形成和言语表述的过程。认知科学告诉人们，“意义的形成并不只是言语成分的简单组合结果”，人们还必须了解人类表述的不同方式。由此而论，语言只是意义构成的一个成分。翻译研究不可能停留在简单的语言分析层面，还要关注交际中人与人、语言与其他因素的关系，而想研究这些关系必须走跨学科的道路。巴黎高等翻译学校的释意派理论率先超越语言学研究范畴来研究职业翻译，卡昂大学则借助心理语言学研究成果从跨学科的角度深入研究会议口译程序，其中一位在读美国博士正在从心理语言学的角度研究手势对国际会议译员理解的影响，试图说明语言、韵律和手势三者在交际中的关系。

应该说，无论是巴黎高等翻译学校的职业口笔译训练，还是雷纳大学的职业多语言多媒体交际工程培训，或是里昂第二大学的硕士生口笔译教学，甚至是一些学校的教学翻译，在解决语言问题的同时，都对认知知识的准备、获取和在翻译中的激活给予了越来越多的重视。

（二）翻译研究和教学与其他专业结合的倾向

随着经济全球化的发展，经济、政治、法律、文化、体育、卫生等各领域对相关专业的翻译需求在快速增长。正是这个原因，法国的一些高校开设了专业翻译课，目标是培养既懂专业又接受过文化和语言训练的翻译或专业人员。翻译教学与术语研究的结合可以说是法国大学翻译教学的一个特点，凡有意从事专业翻译的各类人文学科和理工科的学生都能在进行专业学习的同时接受翻译培训。法国里昂第二大学的医学和环保专业、卡昂大学的心理语言学和认知心理学专业的翻译教学便是很好的例子。

此外，翻译研究的发展还逐渐呈现出国际化合作趋势，主要表现在：一是通过越来越多的国际研讨会集中探讨翻译研究方方面面的问题；二是通过合作实验方法，针对某种具体问题从不同角度对该问题进行分析和阐述。这种跨越国界、跨越学科领域的学术交流必将促进翻译研究的快速发展。

法国翻译教学和研究的成果和发展趋势值得人们思考。在严格区别教学翻译和翻译教学的基础上，国内的翻译教学机构应该深入研究如何更好和有效地培养翻译专门人才，同时研究在理工科和人文学科的教学中适当安排职业翻译技能教学，这样做不仅可以尽快提高国内的翻译教学质量，为市场培养更多的专门翻译人才，而且能让更多的有一技之长的青年承担不同领域的翻译工作，让更多的人直接参与到中国与其他国家之间的交流当中，为中国走向世界和世界走向中国搭好交际之桥。

第三节　国内外翻译教学的模式研究

一、国内翻译教学模式

随着经济全球化的进一步发展以及中国成功加入世界贸易组织（WTO），中国与世界的交往日益频繁，对外交流的范围日益广泛。因此，社会需要更多的翻译人才，对翻译的要求也越来越高。这对大学英语翻译教学提出了更高的要求。因此，必须不断地吸取其他国家翻译教学的经验和教训，改革目前的翻译教学模式。在发扬传统翻译教学模式优势的同时，与时俱进，根据时代和社会发展的特点，积极探索和尝试新的教学模式。

（一）传统翻译教学模式

传统翻译教学模式的好处有：①加深学生翻译基本功。该模式着力培养学生的语言技能，使提高语言能力成为翻译教学的主要培养目标，符合《英语专业教学大纲》中翻译课程教学的目的——翻译教学主要是培养学生的基本技巧、基本理论、基本方法、基本能力。把翻译教学作为一种语言教学法对待，教师通过分析语言，使学生语言能力在此过程中得到巩固和提高，这在整个英语学习阶段必不可少。②有利于教师发挥多重作用：学生问题的发现者、翻译技能的示范者、学生学习的激励者。

该教学模式的缺点也十分明显：①过多重视对微观语言的分析，忽视了对宏观篇章和文化差异的把握。②学生被动接受、机械学习、缺乏主观能动性。③“传统翻译教学模式应该是一种结果教学法”，教师只重视对学生的最终译文进行评价，忽视了对翻译过程的跟踪，容易挫伤学生的学习积极性和信心。

如果将该翻译模式当作培养学生外语能力的一种方式，翻译本身作为目的，作为独立学科的影响力，势必会被削弱。实际上，翻译作为一门学科的地位已逐渐得到国内从事翻译研究的专家的认可。

（二）对比翻译教学模式

对比翻译教学模式将翻译教学建立在两种语言与文化对比之上，在讲授翻译时需要系统比较两种语言和各自承载的文化差异。

正如恩格斯所指出的，我们要真正懂得自己的语言，只有把本族语言和其他语言进行比较。在翻译教学的初级阶段十分有必要对两种语言进行对比。学生假如明白两种语言的内在不同和隐藏在这些不一样背后的原因，在翻译实践中就会知其因果，进而自觉培养自己对译语的意识，积极转换思维方式，努力遵循译语的表达习惯，排除源语及思维的多重干扰，提高译文质量。对于语言对比以外的文化对比来说，如果有一定的了解，无疑可以促使学生避免出现“字句翻译似乎正确，而意义却相去甚远”的错误翻译。

当然，这种理想的模式也有相当大的局限性。对于翻译者来说，熟悉不同系统语言的差异不是一朝一夕之事。加之，文化的习得远比语言的习得困难得多。正如奈达所坚信的那样，文化远比语言复杂得多。如果一个人用五年的学习最终掌握了一门外语，那他至少得用二十年才能了解某种语言背后的庞杂的文化。这说明文化习得是需要日积月累的，如果教师在课堂上利用有限的时间去大量讲授博大精深的中西文化，这显然是本末倒置，脱离现实。

（三）实践翻译教学模式

实践翻译教学模式是指将翻译教学和实践结合统一起来，利用专业的翻译平台，在教学过程中创设真实的实践环境，进而在这种所谓的实际环境中教授翻译的教学模式。此种教学模式努力将翻译教学与翻译市场的需求结合起来，强调翻译的实用性特征，特别突出了翻译的服务作用。

实践翻译教学模式可以与其他教学方法综合起来。以案例教学法为例，教师可以将实践性、应用性较强的学科案例拿来作为翻译资料，让学生讨论、分析此种翻译材料的特殊性和复杂性，培养学生联系社会实际需要来解决具体翻译问题的能力，达到学以致用。

毫无疑问，这种翻译教学模式要求翻译教师对这门课的投入较多，既要具备翻译学科的系统知识，也要具备其他实用学科的知识，甚至还要参与到某种技能的进一步培训当中，最终成为一名“杂家”。这在目前翻译教师教学任务繁重、科研压力大、教学课时有限的情况下其可操作性大打折扣。对于学生来说也很难全身心的投入，因为除了翻译课程，还有许多课程要学，到了最后这门课的学习也可能是草草收场。

（四）建构主义翻译教学模式

注重学习者的主体差异性的建构主义翻译教学模式则认为，学生是一切教学活动开展的中心，教师的主要作用是引导学生学习。该模式特别强调教师在学生学习过程中对具体细微的成功与进步的评价。建构主义翻译理论认为，翻译的过程不是简单地把源语静态地转换成目的语。翻译教学的重心将转移到“培养在学习过程中能够自我控制、自我调节，具有自我分析和评价能力、善于学习的终身学习者”。

建构主义翻译教学模式的以学习者为中心的教学理念克服了传统翻译教学模式中教师一味传授、忽视学习者个体差异的弊病。该教学模式要求教师分析个体学生的不同需求、制定针对性的教学学习计划、选取满足不同需求、各具特色的翻译材料。这种翻译教学模式能有效调动学生学习翻译的积极性，挖掘学生学习的潜能，做到因材施教，有利于学生批判性思维、创新能力的培养。

但是这种看似理想的翻译教学模式带来的问题是，在翻译教学过程中如果一味以学生为中心，并且还得兼顾教师的指导作用，这个“度”如何把握很难控制。另外，对于翻译教学经验缺乏、教学原则不很熟悉、教学法了解不多的教师来说，一味偏向学生可能无法实现设定的教学目标。在翻译教学过程中实现因材施教也是一种高难度目标。

（五）多媒体和网络翻译教学模式

首都师范大学尝试在网络教室实行交互式翻译教学；广东外语外贸大学研制出电子口译教材。这些不言而喻地说明了现代信息技术对翻译教学的重要作用。多媒体网络信息强大、资源丰富，使教师对翻译内容的选择面大大扩展，同时也可以考虑学生的个体差异，有针对性地选择翻译材料。加之多媒体教学平台具备监控功能，易于跟踪学生的具体学习情况，也可对学生进行阶段性的评价，及时反馈学习效果。这一切为翻译教学提供了其他教学模式无法比拟的便利。

当然，利用多媒体和网络平台进行翻译教学有两个条件需要同时具备：一是对应的翻译教学课件；二是网络平台的硬件要求。设计基于网络平台的翻译教学课件需要翻译教师网络专业技术过硬，这一点对于从事语言教学的教师来说是个“硬伤”。

另外，多媒体硬件的配置也有赖于相关部门相应财力的支持，一些落后地区学校还须大力解决。网络教育教学造成的另一个弱点正如维舍尔指出的那样——缺乏课堂氛围。在实际操作和心理上，网络环境中的教学会给学生和教师造成一种无形的压力，被称为“交流焦虑”（Communication Anxiety）。所以，机器辅助下的翻译教学为翻译活动提供便捷的同时，也会对人类自然的语言活动产生消极影响。

二、国外翻译教学模式

（一）英国翻译教学模式

英国本科阶段开设翻译专业的大学不多，大约只占 1/3。研究生层面的翻译教学比重偏大，教学培养模式呈多元化趋势，而且不同类型的翻译教学由于培养目标和培养方式的差异，在课程设置和师资配置上不太一样。

1. 计算机辅助教学模式

计算机辅助教学已经在越来越多的学科和课程中得到应用，尤其是计算机智能辅助外语教学，从理论到实践都有令人兴奋的效果。这里以曼彻斯特大学理工学院为典型来研究其教学特点。该校的翻译教学设在语言工程系，是现代高科技、计算机、语言教学、翻译等学科的综合性教学。该系不仅授予翻译研究的科学学士、硕士、博士学位，而且授予机器翻译的硕士学位。曼彻斯特大学理工学院的语言工程系与其他大学的语言学系或现代语言系的区别在于，该校不仅重视学生的语言技巧、翻译能力，而且强调语言知识的作用，强调对不同语言的学习与训练，要求掌握语言学习的规律。他们认为，纯粹的语言能力在漫长而多变的市场需求和个人的工作经历中很难使学生永远立于不败之地。学生只有牢固地掌握语言学习的规律、方法与使用技巧，才能更好地迎接挑战。以该系开设的术语学课程为例，要求学生掌握术语学的理论框架，利用计算机对术语语料进行分析研究，建立概念结构，认识不同使用者对术语的不同要求，以及术语对信息处理系统的重大作用。

2. 功能主义理论的培训模式

以弗米尔为代表的翻译功能学派主张考虑译者的翻译环境，不能将翻译局限于语言学或文学的狭隘层面。译者应在跨文化的交际中发挥相应的功能。采用此理论的教学机构在翻译领域或语言学领域的学术实力较强，往往采用学院式培养模式培养专家学者型的翻译研究人才。沃里克大学英语与比较文化研究中心是这类培养模式的代表。沃里克大学始建于 20 世纪 60 年代中期，该校的英语与比较文化研究中心始建于 1977 年，如今已是英国最大的翻译研究与教学基地，能够授予翻译研究的学士、硕士和博士学位。从中心的名称可以看出，该校的翻译教学与文化的研究紧密联系在一起，教师都是翻译家，其研究兴趣几乎涵盖了文学和文化的各个方面：翻译理论与实践、翻译史、后现代主义批评、马克思主义批评、美国文学、文艺复兴时期的诗歌、英国黑人文学与文化、妇女文学、加勒比海地区研究、后殖民主义文学、爱尔兰研究、英伦三岛比较文学等。课程设置包括核心必修课、选修课和论文写作。翻译研究生的核心必修课包括“翻译与接受研究”和“翻译理论史”。前者将翻译视为“文学变化与发展的塑造力量”，分析考察“不同文化之间文本的传播过程”，考察翻译在文学系统中引进新观念、新形式、新类型的方式，并且考察不同文化的读者接受文本的方式；后者旨在考察翻译理论的起源、翻译态度的变化，以及翻译评价标准的变化和翻译实践模式的变化。

翻译研究的选修课程极其广泛，主要有以下几门：诗歌与翻译、戏剧翻译、翻译与性别、翻译与后殖民主义、学习方法论与研究技巧等。学生通常要具有相关领域的知识与经历，并具有相应的学位。可以看出，沃里克大学主要采用学院式的培养模式，培养学术型的翻译人才。翻译类型侧重于笔译，特别是人文和社会科学的翻译，自始至终强调翻译的文化功能、社会影响与接受文化的态度与作用。

3. 基于语料库的翻译教学模式

语料库是一定规模的真实语言样本的集合。现代意义上的语料库具有一个特点，收入语言库的语言材料应当取自实际使用的真实文本，对于其应用目标而言所收录的语言材料应该具有代表性。作为真实情况下使用的语言信息集成的、可供计算机检索的、专门做研究使用的巨型资料库，语料库凭借其容量大、语料真实、检索快捷准确等独特的优势在现代语言学研究和语言教育中正发挥着越来越重要的作用。语料库特有的语境共现界面不仅能提供大量以检索项居中的实例，而且能凸显位于检索项两侧的各种语境特征。就翻译实践而言，语料库可用来提高语言及文化意识，为译员和翻译专业的学生提供工作平台和参考工具。

该模式将语料库辅助翻译的功能作为学习翻译的工具之一，学生利用语料库可修正初译文本中的错误。网络语料库是极其方便的翻译学习和研究资源，其中一些免费对公众开放的语料库具有很高的利用价值。英国国家语料库（BNC）是目前网络可直接使用的最大语料库，由 4124 篇代表广泛的现代英式英语文本构成，包括国家和地方报刊、各类杂志、理论书籍、通俗小说、大学论文、信件以及谈话录音文本等，90% 为书面语，10% 为口语。美国当代英语语料库（COCA）包含 4 亿个单词，语料时间跨度为 1990 年至 2009 年涵盖小说、杂志、报纸和学术著作等领域。

这些语料库具有容量大、语料涵盖面广、内容新、检索界面简单和免费使用等特点，在实现辅助英汉汉英翻译方面起到关键作用。学生借助语料库习得英语本族语者的书面或口语材料中的语言，还可以针对翻译内容的微观语言知识进行采掘，为学习翻译增加知识量。翻译是两种语言互相转换的过程，学生学习翻译时经常会碰到不知道怎么译、译得对不对等问题，而基于语料库辅助翻译的学习方法是一种摆脱利用标准答案完成翻译任务的“探究式学习”。基于网络语料库的翻译教学有助于学习者实现探究式学习翻译的目标，促进学生自主学习翻译。

4. 以会议翻译培训为主的职业培训

职业培训的培养模式是各大学举办的翻译培训班，学习结业后发给翻译证书或翻译文凭。这类学校继承了法国巴黎高等翻译学校的培训模式，培养对象以口译或会议翻译人才为主。这类教学积极应用达尼卡•塞莱斯柯维奇的释意理论，将翻译视为交际行为而不是交际结果，注重翻译中译员的心理过程。此外，译者被看成画家而不是摄影师，译者必须传译的是原作的思想而不是词句和语言结构，也就是说，翻译的单位是篇章，是话语，而不是词或句子。这类学校注重技能训练，强调训练程序与方法。

教学中重视培训译员听懂篇章的意义、分析内容，利用形象化等手段记忆信息内容，归类、听懂并记住数字，复活大脑的被动记忆，并学会一边听，一边译，使语言表达清楚准确。教授翻译的人员大多是职业会议译员或译者，同时懂得教学法；要求学生的第一外语或第二外语达到理解无特殊困难，母语表达准确、贴切、娴熟的程度，其智力和分析综合能力及文化修养应达到较高水平。课程设置除了即席翻译和同声传译外，还讲授经济、法律、语言学、翻译理论等课程。为保证学生熟悉未来职业，学校常邀请一线的口笔译工作者来校讲学以保证学生与该行业职业者接触，并常在毕业前安排学员赴校外相关机构或国际组织进行实习。

5. 以语言学理论模式为基础的教学方法

这种模式主张将专业知识的翻译视为应用语言学的范畴。在四年的翻译教育中将语言的学习与翻译技巧的训练结合起来，以培养复合型翻译人才。其培养模式以海里奥特—瓦特大学语言学院苏格兰口笔译研究中心为代表。其培养目标、课程设置和教学方法充分体现出翻译语言行为的理论思想与特点。口笔译研究的培养目标是使语言学的毕业生掌握宽泛的口笔译特殊技能，以适应多种职业的要求。其博士学位的主要研究方向是口笔译研究、话语语言学和交际学。口笔译研究中心开设的主要课程有对比语言学、翻译理论、准备和现场翻译、笔译研究、会议与联络翻译、科技与翻译、双语社会与文化研究等。

然而，口笔译研究中心的教学内容并不严格地局限于狭隘的翻译，除了语言教学、应用语言研究之外，还要求学生学习社会、文化、政治和经济方面的知识。口笔译专业的研究方向也十分广泛，如技术翻译、机器翻译、文学翻译、媒体翻译、会议翻译、联络翻译和翻译理论等。

所以，该系的毕业生深受市场欢迎，许多人成为术语学的专家、词汇学专家、词典编纂者和文献学专家。该系有关翻译的课程十分丰富，而且富有特色：翻译语言学、翻译方法论、译者信息技术、口译研究、机器翻译、机器翻译评估、计算机辅助翻译、翻译理论、理论语言学、形式语义学、计算词汇学、语料语言学、术语学、言语与语言处理、人工智能以及自然语言处理等。更值得一提的是该系是英国最大的计算机辅助语言学习基地，研究领域涵盖了语言学习、语言学和计算机语言学等纯理论研究和应用研究，主要研究课题包括语言工程、理论语言学和翻译研究。

（二）法国翻译教学模式

法国的翻译教学可以分为职业翻译培训、与其他专业方向配合的翻译教学和以教授语言为主要目的的翻译教学。按照心理教学法理论，“教学目的、目标、方法和手段不能从一个专业照搬到另一个专业，而应该对其进行思考，以使其适应当前教育遇到的新形势”。培养目标不同，教学内容、方法和手段必然各异。

1. 以职业培训为目标的翻译教学

（1）巴黎高等翻译学校专门为联合国教科文组织、北大西洋公约组织等国际机构培养国际会议译员和笔译人才，学生来自全球的各个国家，涉及四十多种语言。该校招收对象为文、理、法、社会学各科大学毕业生，新生没有数量限制，但入学考试十分严格，除对翻译需要的相关能力的考查外，还对其未来将使用的工作语言水平要求很高。学校下设三个系：口译系、笔译系和研究生系。口译系学制两年，第一年学习即席翻译，第二年学习同声传译，同时开设经济、法律、语言学、翻译理论、术语学等课程，每周总课时大约 24 小时。笔译系学制一般为三年，第一年开设基础翻译课，第二年开设经济翻译课，第三年开设科技翻译课，同时开设口译系翻译除外的其他课程。两个系还同时开设母语及外语进修课（每门 1.5 小时 / 每周）。两年或三年学业期满，考试及格或论文获得通过者分别发给“会议口译人员高等专家毕业文凭”和“笔译人员高等专家毕业文凭”。学生毕业后，大部分投考各国际机构的翻译部门，也有一部分毕业生为了工作自由不投考国际机构而分别向各国有关机构申请自由译员的工作执照。70 多年来，该校为联合国、欧盟以及西方各国的外事部门培养了一批又一批的高级翻译人员。

巴黎高等翻译学校以塞莱斯科维奇的释意理论为翻译教学的理论基础，该派理论运用语言学、逻辑学、心理学的成就来阐释翻译的理解和表达过程。其核心思想正是对穆南、贝尔尼埃和阿尔比的语言学译论的继承。其核心思想就是：翻译的主要目的是译意，而不是源语的语言外壳；提倡在翻译中进行“文化转换”。释意理论提出的翻译程序是：理解、脱离源语语言外壳、重新表达。

不可否认，这一翻译理论体系在培养高级口译人才方面是十分有效的。巴黎高等翻译学校的一个重要特色，就是极为重视翻译教学理论的研究，推出了一系列翻译教学研究专著。在翻译教学理论研究方面，针对翻译教学的性质、特点、目标、方法，进行了较为系统的探索，提出了许多富有启迪意义的观点，总结了可资借鉴的经验。比较有代表性的成果有杜里厄的《科技翻译教学法基础》、拉沃的《翻译在语言教学法中的作用》、巴拉尔的《翻译——从理论到教学》《大学中的翻译：翻译教学研究与建议》、勒菲阿尔的《笔译推理教学法》等。

（2）雷纳第二大学颁发多语种多媒体交际工程学职业文凭。其用十年左右时间发展起来了“语言和技术”专业，主要为翻译机构或公司培养英法德笔译人员。这所学校的培养模式同布鲁塞尔玛丽•哈蒲斯自由学院接近，但不培养口译人员。学生毕业后以担任翻译、审校、译审、项目负责人等为主。该校的特点是把翻译教学同计算机的使用和专业术语研究及企业需求紧密结合，例如，该校于 2004 年 8 月出版了《奥林匹克英法实用词典》；该专业指导教师出版了翻译理论研究专著十几部，研究成果丰硕。

雷纳第二大学教授瓜岱克在他撰写的《描述翻译和概要翻译》中，根据职业翻译特点和程序提出了渐进式的翻译教学模式。他指出描述翻译旨在寻找文件所有重要线索，说明理解阐释文本的环境和条件，找出并翻译关键词，说明主题或主要议题；概要翻译在于使用与文件语言不同的语言提供简要明快的主要内容和情况。按照瓜岱克的说法，描述和概要翻译是所有翻译不可或缺的基本能力，是职业翻译的最经济模式。从教学法的角度讲，这是尊重学习进度的理智方法，可以帮助理解要翻译的文件，建立合理的术语库。译者通过资料查询进行跨文化、跨语言实践和审校实践。

该校翻译专业确定的培养目标是：毕业后能在翻译公司或类似机构承担职业翻译、译稿审校、专业术语研究、信息管理、项目管理等工作。该校的“多语言多媒体交际工程学”，把翻译培训同广泛意义上的交际和信息传输结合起来，把翻译训练同术语研究结合在一起。换句话说，每一专业翻译训练结束后，学生都要将该领域术语输入计算机进行处理，以供有关企业和个人使用，或编辑成字典出版。

随着因特网的广泛应用，不少大公司希望随时从全球各地的网站上了解行业信息，因此对翻译有了新的需求，他们通常不是让翻译公司完整翻译网上的内容，而是要求译者采用“描述”或“概要”形式对原文进行适当的压缩和摘编，即编译、摘译或译述等，然后视信息情况决定是否需要翻译全文。这也是“描述”和“概要”翻译训练进入培训内容的原因之一。

2. 专业翻译研究与翻译培训

（1）里昂第二大学的语言学和应用语言学专业将语言学同术语研究紧密结合，其术语研究重点是医学（以医药学为主）和环保专业。硕士生在学习相关专业的同时在导师指导下从事以法英、法阿、法德为主的双语术语翻译研究。该校在以上两个领域的术语研究成果在国内外都享有盛誉。该校的毕业生可以直接进入相关领域从事教学、翻译或其他工作。里昂第二大学为语言学系或商务及法律系的研究生开设了专业口笔译课程，其授课方法为职业翻译培训，强调翻译思维能力的训练和方法论的应用。

（2）卡昂大学开设法律、人文、语言、自然科学等专业，颁发硕士和博士文凭，人文科学下设的跨学科人文科学研究中心培养硕士和博士生。课程以心理语言学、生理学、口译心理和认知科学为主，最具特点的是从跨学科角度研究语言、认知和非语言因素对儿童语言发展及对交际的影响，近几年对会议口译程序的认知和心理语言学研究取得了初步成果，在翻译界和心理语言学界产生了一定的影响。

3. 教学翻译——语言教学的一种手段

法国另一些学校也开设翻译课程，但其目标并非培养职业翻译人员。参加培训的学员毕业后可从事职业笔译，也可从事与翻译没有直接关系的工作。里昂第二大学的外语语言应用专业、拉罗歇尔大学亚洲商务专业、蒙彼利埃第三大学外语语言应用专业、里昂第三大学外语语言应用专业、埃克斯—昂—普罗旺斯语言学及外语语言应用专业与东方语言学院语言和文化专业等均属于这种情况。翻译在语言教学中只是一种教学手段，目的是帮助学生理解原文的语法、词法等，逐渐用准确的外语表达思想。

随着翻译学研究的不断深入，语言教学更多地引进交际法，课堂上出现了“模拟”交际场景，原来的单词翻译扩展到句子，句子翻译扩展到连贯的短文翻译，而且教师也在翻译前提供与交际场景相关的信息，更多地注意翻译过程，改善教学环境，使学生在交际中学习和掌握外语的速度加快。

第四节　以学生为主体的英语翻译教学

一、以学生为主体的教学概念

以学生为主体的教学是由于翻译教师仅作为知识的传授者和指导者的角色已远不能满足教学的需求，因此教师应通过多种途径突出学生的中心地位，形成课堂上的新型师生关系的一种教学模式。这种教学模式认为翻译是对两种语言的创造性运用，因此翻译活动应涵盖在交际框架下的语言活动、文化活动、心理活动等内容。这种教学模式重视英语翻译教育的发展趋势，特别重视翻译教学环境和学生作为教学主体这两个因素。由于翻译教学环境趋向于提倡、建立一种交际性的课堂教学形式，也就是要努力创建一种能培养学生独立开展创造性语言转换以及语言交际的环境，因此也就应该特别重视社会背景和文化迁移在翻译教学中的作用。

此外，这种教学模式认为教师不应再被认为是翻译操练中的带头人、翻译材料的介绍人或译文好坏的评判者，而应在翻译教学的过程中，明确学生才是积极的创造者，而不是消极的接受者。教师要重视学生的不同个性、学习风格、学习策略以及学生在学习过程和学习内容上的智力因素。总而言之，以学生为中心的翻译教学就是要充分重视学生在学习过程中的积极作用，充分调动学生学习的积极性和自信心，要尽量让学生自己控制学习内容和方法，鼓励学生参与到教学活动的各个环节中来，鼓励学生更多地对自己的学习负责。

二、以学生为主体的教学模式

我国外语教学法长期以来，基本上是语法翻译法，其主要目的是培养学生的阅读和翻译能力，其手段是首先让学生熟记语法规则和例句，然后通过演绎的方法和翻译练习巩固语法概念。此后，我国外语教学界先后引进了视听法、听说法、交际法、阅读法、情景法、认知法、情感法、理解法等。各种外语教学方法之间是承前启后、取长补短、相互促进的关系。因此，我们从众多的外语教学方法发展可以感受到其内在的发展规律。

（一）外语课堂教学中心转换模式的提出

近几年，在我国大学外语教学界，针对外语教学模式进行了有意义的探索和尝试，取得了一定成果。除了在传统的以教师为中心的教学模式有所突破以外，还出现了以交际为导向，以学生为中心，以学习认知为目的的教学模式。但是，我们在进行外语教学模式改革的同时，应注意这样一个问题：在任何一个教学模式中，其参与者都为教师和学生。因此，在教学过程中，教学中心应该因教学内容、教学任务、教学方法、学习策略的不同，存在一个在教师和学生之间不断转换的过程。

1. 教学层次性要求外语课堂教学中心转换

现代外语教学有三个不同层次的模式：

①宏观模式（语言教学模式、英语教学过程模式）。

②中观模式（大纲设计层次模式）。

③微观模式（课堂教学模式）。

在不同层次的教学模式中，教师和学生所处的地位是不同的。任何一个外语课堂都是这三个层次的具体体现。

2. 教学模式可变性要求外语课堂教学中心转换

第一，教学阶段可变。在不同的教学阶段应该采取不同的教学方法。每一级教学要求不同，教学设计必然有所侧重。因此，在具体设计课堂模式时，随着学生水平的提高，应力求体现方法和形式上的变化。第二语言对于学习者来说是一门外语，没有母语那种得天独厚的语言环境。“进行外语教学，教材是信息输入的主渠道。但给学生输入什么样的信息，按什么顺序输入，起关键作用的仍然是教师。然而，仅输入教材的内容是有限的，教师应根据教学需要，有目的地选择、过滤与教学直接和间接相关的信息，经过加工整理输入（不是灌输）给学生，以培养学生的学习兴趣，扩大学生的信息量和知识面。”因此，在课堂的语言输入过程中，教师应该是为教学的主体，是语言信息的发出者，学生是信息的接受者。

第二，教学认知主体的变化。学生和教师是教学活动的认知主体，而教材和其他的现代化教学设备是教学认知活动的媒介。由于不同院校，学生和教师的情况也不相同，即使同一院校在不同时期，学生和教师也是不同的。例如，学生在年龄、教育背景、外语基础、学习动机、目的、期望、语言技能的强弱、学习策略等方面存在很大的差异。同时，任课教师本人的专业基础、语言水平、教学经验、语言技能的强项、教学方法的偏好、对教学效果的期望等，也是截然不同。此外，不同的教材和同一个教材在不同的使用时期，教学设计也不是一成不变的，随着教师理论水平的提高，教学经验的积累，会逐渐认识到原有设计的不足，并重新设计教案，课堂教学质量随之进一步提高。因此，我们在实际教学过程中，教学中心不是固定地以学生或以教师为中心，而是在教师和学生之间不断进行着转换。

第三，教学中应急性可变。在课堂实践过程中，经常会出现一些意外情况，课堂设计不可能对此做出预先考虑。这就需要教师发挥应变能力，临时对课堂内容和授课计划做出相应的调整；并且在课堂教学过程中，针对某一个知识点进行临场更换教学内容的情况更是普遍存在。

第四，其他教学因素的可变。教学班级的规模大小、课堂学时的多少、教学条件和设备的优劣、外语专业和非专业的不同要求等，都会引起外语课堂教学模式的改变。

3. 教学模式效率性要求外语课堂教学中心转换

知识经济时代要求我们在教学过程中，不仅要重视外语教学的方法和内容，更要注意教学效率。树立教学效率观念，提高外语教学效率是外语教学成败的关键。“提高外语教学成效的关键是依据语言规律和语言学习规律，确立一条符合人的认知规律的外语学习路子。在此基础上，建立科学的教学目的，创设有效的教学模式，进行外语教学和教学效果的科学分析，这样才能提高外语教学的效率。”外语教学是教师和学生互动的活动，在整个外语教学的活动中，固定把教师或学生作为中心进行课堂教学活动，都不能提高外语教学的效率。

（二）外语课堂教学中心转换教学模式的原则

外语课堂教学中心转换教学模式的理论基础、基本原则和教学过程是以语言学心理学、教育学、社会学等为依据的。我们知道，语言学习过程一般要经历语言输入、语言内化和语言运用三个语言信息加工、存储、提取的阶段。因此，外语课堂教学中心转换教学模式应服从以下三个原则。

第一，语言知识与语言能力并重，两不偏颇。一方面必须依据学生需求和实际的外语基础和水平来选择语言材料以及安排教学任务；另一方面，教师要转变观念，明确自己在课堂中的地位和作用。根据语言获得的规律，在听、说、读、写、译五项语言基本技能之间，有一个语言机制转变的过程，必须在足够的语言材料的“输入”之后，才能逐步转化为说、写、译的能力。所以，教师应该成为语言输入的重要桥梁：一方面要对语言材料进行详细的讲解；另一方面教师要不断地提出启发性问题，使学生在学习语言的过程中不断提高自身对语言规律的认识。教师应是学生语言学习过程中语言内化的催化剂，要根据不同学生的外语基础、学习目的、学习方法等因素，设计出多种多样的教学活动，以满足不同层次需要。教师应是语言输入的组织者，要让每个学生都积极参与到教学活动中来，充分地调动和发挥学生的积极性和学习潜力。培养和训练学生的学习能力，而不是单纯的语言知识点的学习，目的在于引导学生综合运用各种语言的知识积极参加相关的语言实践活动，逐步发展学生实际运用语言的能力。

第二，在语言内化过程中，必须形成教师和学生的双向交流和互动教学。在以往的教学中，教师为外语课堂教学活动的中心，课堂基本上是教师的“独角戏”。诚然，“讲解”的作用与必要性是不可否认的。但过多的讲解只能改变学生的内在语言信息的存储量，却无法最大限度地激发学生的积极思维和培养学生用语言进行分析、思索和归纳以及发现语言内在规律的能力，即无法实现语言思维和语言技能的内化。外语课堂教学中心转换模式是在教师和学生之间进行的一种动态的平衡运动，使学生投入到语言学习活动中去，激发他们的学习兴趣。

第三，充分利用课堂时间，提高外语学习效率。在外语课堂教学活动中，教师一方面要引导学生从宏观上对语言材料进行理解和分析，另一方面，针对结构复杂、内容费解的句子及语言点，教师应进行详细讲解，不能因为强调听、说而统统一带而过，这样学生会难以消化这些知识点，造成似懂非懂的状态。总之，在外语课堂教学中，语言知识要精选、讲透。只有精选，才能为语言的输入提供准确而翔实的材料；只有通过反复操练和必要的讲解，才能完成学生的语言知识的内化，才能保证学生对新知识点的获得、巩固和转化，完成将教师传授的知识和书本知识结合。同时，语言操练环节应坚持省时、参与面宽、讲究实效的原则。

外语课堂教学中心转换教学模式科学地将学习语言的自然规律与我国外语教学实践相结合。本着力求时效、博采众长的原则，在教学中，既让学生打下了坚实的语言基础，又增强了学生的语言使用能力，使教和学在整个教学活动中进行了动态的平衡和有机的结合。

第七章　应用型翻译人才的笔译能力培养

关于应用型翻译人才的培养，一直以来都是国家在翻译方面所不断探索的，而笔译又是其中一项重要的能力。因此本章就笔译能力培养为出发点进行论述，提升应用型翻译人才的笔译能力，为我国翻译事业的发展打下良好的基础。

第一节　笔译能力培养概述

一、翻译能力的相关概述

学术界关于翻译能力培养的起点研究的比较少，各国学者关于翻译能力的概念也有不同的看法，至今没有形成统一的看法。初始态译者翻译能力的发展和培养过程有待深入研究。

综合国内外现有的翻译能力研究可知，①语言能力应包括译者在词汇、句法、语义、语用等各个语言层面的语言处理能力；②认知能力主要涵盖了译者认知机制的认知能力，如长期记忆中的知识储备和双语词汇的调动、激活，翻译过程中工作记忆的信息处理能力，各种认知机制综合决定的源语理解能力；③交际能力涵盖译者的双语交际能力、跨文化交际能力等各层面；④转换能力，主要指译者双语转换技巧的掌握、转换策略的应用等。翻译能力是一个动态发展的过程，翻译能力的不同发展阶段可以从上述四个层面来定义和描述。

二、笔译能力的相关构成

（一）推断能力

在推理能力层面，低年级学生表现出来的主要问题是：不能结合上下文提炼个别词汇的确切含义；不能建立意义单位之间的局部连贯；不能激活话语所描述的贴切的背景知识。学生的问题主要是不能激活、借助恰当的背景知识来理解话语含义。

理解是翻译活动的第一步，译者对原文的理解程度直接决定着翻译的准确性，而推理是译者理解的根本。现有语篇理解研究领域的研究结果表明，语篇理解过程中的推理可以分为基于语言符号的推理、基于句法的推理和基于百科知识的推理三种。译者的理解也是在语言符号、句法和百科知识三个层面来完成的。需要说明的是，译者的理解不同于普通读者的理解，译者对原文的理解要更加深入和全面，没有选择性。因此，意义单位之间的局部连贯和借助话语所描述的背景知识来全面理解话语含义对翻译活动非常关键。

综上所述，应用型翻译人才低年级教学要注意培养学生按照语义单位之间的逻辑关系展开不同层面的推理，以最终实现正确的翻译。具体来讲，主要可以围绕以下六个层面展开。

①告知学生译者理解的特殊性。

②培养学生的意义单位之间的局部连贯推理能力。

③按照学生兴趣，加强主题知识和百科知识的学习。

④培养学生借助百科知识和一定的逻辑顺序展开逻辑推理。

⑤培养学生结合上下文从词汇提取概念的能力，理解翻译过程中词汇的确切含义。

⑥练习学生脱离源语语言外壳的能力，要求学生理解文字所描述的客观事实、抽象概念、以市场为导向的应用型翻译人才培养研究逻辑关系等，激活所描述的、贴切的背景知识。

（二）认知水平

翻译作为一个特殊的跨语言交际活动，对译者有着特殊的认知要求。理解与表达是翻译活动中的两个主要环节。意义的理解及译者的选择是一个决策过程；理解过程中，综合句法知识、上下文信息和百科知识确定话语含义和不同语义单位之间逻辑关系的过程是一个推理过程；遇到理解或表达障碍，通过恰当的方式方法找到合理的解决方案是一个问题解决过程。决策能力、推理能力和问题解决能力是译者必不可少的三个能力。应用型翻译人才的笔译教学也离不开上述三种能力的培养。

（三）决策能力

学生译者在翻译过程中遇到的问题之一就是对生词和某些表达方式的理解过度依赖于纸质词典和电子词典的释义，结果造成个别句子在不理解或者没有完全理解的情况下就开始翻译，翻译出来的译文意思不准确或者不连贯。在表达过程中，学生存在较多的问题是：即使理解了话语含义，也不能找到贴切的译语，甚至根本就找不到相应的词语来表达。高年级的学生在这一方面整体上要好于低年级学生。

意思的确定、意义单位之间逻辑关系的确定、译语的选择，这三个过程是译者决策的过程。上述三个过程的决策是否正确直接影响到译文的质量和正确与否。译者的决策过程需要综合各个方面的因素。

在理解过程中，译者首先需要对词汇进行解码，激活不同类别的词汇所对应的概念；其次，借助句法结构确定概念之间的内在联系，形成基本的意思；再次，译者还要借助上下文信息和背景知识等因素确定话语的确切含义；最后，译者在此基础之上进行翻译。而上述诸多因素均会影响决策的结果和理解的结果，如词汇的概念提取、概念间语义关系的确立、上下文信息的提取、恰当百科知识的激活等。

译语生成过程中，译语的选择也是一个决策的过程。表达过程中，源语的意思是译语选择的第一标准。当一个源语对应多个可选择的译语时，译者需要综合意义传达、意义连贯、句法衔接、交际效果、词语色彩、文体风格等多个层面，方可确定最终可选择的恰当词语。而上述诸多因素需要考虑到哪些因素以及这些因素怎样影响决策的结果，这都是影响翻译效果的直接因素。

应用型翻译人才教学决策能力的培养应主要突出词汇释义和词汇选择的决策策略教学，即决策过程中需要考量、借助哪些因素、通过哪些步骤来完成决策。

（四）问题解决能力

译者在翻译过程中会遇到各种各样的问题和困难。怎样借助可用的资源、按照合理的步骤解决翻译问题、找到合理的解决方案，即译者的问题解决能力，也是直接影响翻译质量的关键因素。学生译者问题解决能力的培养需要突出翻译问题的分类、问题解决的方式、方法和步骤。问题解决过程中，译者首先需要确定自己的问题所在，然后从问题出发，确定问题解决的方案，如快速、高效地搜索信息，鉴别权威信息，合理、有效地均衡各种资源等，最终找到问题的解决方案。翻译专业学生遇到的问题存在于词汇、句法、语篇、语言等诸多方面，学生译者问题解决能力的培养也可以从以上各个方面入手。问题解决能力的培养过程主要是翻译方法的培训问题。

（五）变通能力

翻译过程中的转换是指在理解源语意思之后，按照一定的翻译标准、用贴切的译出语表达出来，它是继理解之后的一个关键环节。

学生能够合理运用翻译工具来寻找恰当的译语，但是还是存在很多问题。这些问题主要体现在：表达过程中注意到了词语的选择但找不到贴切的译文；汉、外两种语言上的表达习惯和句法差异造成译语表达过程中的障碍，译文受源语影响大；注意到译语表达过程中，根据连贯、阅读习惯等需要对译文进行删减、补充和修改；表达过程中有了初步的语篇意识，但是遇到问题之后解决问题的方法、步骤不清楚，译语生成的标准不很明确；缺乏理论的支撑与支持，缺乏理性的思考，存在硬译的现象。

在转换过程中主要存在的问题有：找不到贴切的表达方法；没有成系统的句法处理原则、方法和标准；缺乏相应的问题解决策略；对长句信息的语言重组和调整能力差；译语生成过程中，选择译语的标准和策略不明确，导致确定的译文用词不准或意思不确切；主、被动语态的转换、意译和直译等方法的运用不到位。

1. 译语生成能力

译语生成受到学生母语和二语水平的影响，而且译语生成的个体性特征非常明显。译者译语生成策略、标准和方法的提高伴随译者翻译能力发展的整个过程，是个慢慢积累的过程。在翻译本科教学中，教师应引导学生在译语生成层面注意以下四个方面。

①发掘源语意义与译出语的对应规律。

②对源语意义传达方式的感知，如语义意义和形式意义。

③在实践中发掘、积累译出语词汇、句式、句法确定的标准。

④在译语生成后，从语篇连贯、语篇功能、语言风格（语域）、作者的意图、读者的语言习惯等多层面出发对译语进行调整。

2. 术语处理能力

在实用类语篇翻译中，术语是影响翻译质量的关键因素。因此，在翻译教学中强调术语和术语积累的重要性，培养学生初步的术语筛选、确定、翻译、建库等能力，教会学生处理翻译过程中遇到的各种术语问题，提高翻译的水准是至关重要的。术语初级能力的培养可以从学生较为熟悉的主题开始，而不一定是非常专业的主题。可以随着译者翻译能力的提高，逐步加大术语的主题难度和精确度。

3. 语言运用能力

工作语言是指译者在翻译过程中使用的、复合某一领域语言特征的语言，其基本要求是不能用外行话来表达内行的知识。翻译过程中的工作语言与语言学领域内的语域相对应。每个领域的语言具有自己的语言特征，甚至语言规范，能否用吻合某一特定领域语言特征的工作语言来生成译文是衡量译者专业化程度的一项根本标准。职业翻译与非职业翻译的区别之一在于意义传达过程中的专业化程度。应用型翻译人才的培养应该加强语言规范重要性的教育，通过主题性语篇学习，加强对不同语域语言特征的把握。

（六）沟通能力

应用型翻译人才笔译教学应该突出学生译者沟通交际意识的培养。翻译活动的本质在于沟通，在于让他人理解。语言仅仅是翻译活动的工具和媒介，信息和意义的传递才是翻译活动的根本目的，因此，在翻译过程中，要注意源语信息和意义传达的效率，避免借助字典展开机械、死板的对应翻译。初学译者应该将交际效果作为译文生成和译文考量的一个基本标准。

除此之外，语言习惯、思维和文化差异等因素都会给学生译者造成很多的翻译问题、学生译者只有不断地提高自己的母语和外语水平以及跨文化知识水平，才能最终提高自己的翻译水平。

应用型翻译人才笔译能力培养研究是翻译能力系统研究的开始。从所取得的结果来看，语言能力是翻译能力的基础，应该是应用型翻译人才教学的重点和核心。其他包括认知能力、转化能力和交际能力在内的三种能力及这三种能力所涵盖的子能力的培养应该贯穿笔译能力培养的整个过程，而这些能力在初级培养阶段是可以通过恰当的教学手段和教学方式来实现有针对性的培养的。这些能力在翻译能力不同的发展阶段有着不同的具体表现形式。

第二节　笔译的翻译过程研究

一、笔译翻译过程的新发展

随着跨学科研究的发展，语篇衔接和语篇连贯问题不仅仅是一个纯粹的语言学或语言问题，而逐步演变成为一个涉及语言学、心理语言学、认知心理学等多学科的、从语言到认知的跨学科问题。它也不仅仅是一个纯粹的整体或局部的问题，而是一个从局部到整体、从句法到认知的有机整体。语篇衔接和语篇连贯概念上的演变对翻译活动具有怎样的启迪或规范作用？这是笔者所要重点探讨和论证的问题。

近年来，语篇理解逐步发展成为认知心理学相对独立的研究领域。在此领域，语篇衔接和语篇连贯有了全新的发展。指称衔接是通过前指称、句子重叠、定冠词、主题重复等方法来实现的。时间衔接是指时间上的连续性，它是通过时间连词、介词短语、动词的时态、语态来实现的；方位衔接是通过方位副词、介词来实现的；因果衔接是通过表示因果关系的连词来实现的；结构衔接指的是语句句法和语义上的衔接。语篇理解研究领域对语篇衔接的分类和阐释区别于语言学领域有些“形”而上学的研究特点。前者更贴近于语篇的理解过程，它与语篇连贯有着直接的关联，更适合对翻译活动中源语语篇理解的阐释。

所以说在以往的基础之上，语篇连贯概念也有了全新的发展。语篇衔接与语篇连贯在语篇理解研究领域是一对互相依存的概念。这样的内涵简而言之就是，语篇衔接指的是连接不同文本要素的语言手段。它区别于语篇连贯，是读者建立语篇连贯的主要途径。语篇连贯是指读者在记忆中建立起来的不同层面表征的内在关联水平。

语篇理解的根本任务是在长期记忆中建立起文本所描述情景的连贯的心理表征。语篇衔接和语篇连贯都是通过从局部到整体的形式组织起来的。在阅读的过程中，读者会寻找句子内部以及句子与句子之间的局部衔接、段与段之间的整体衔接，这些衔接将引导并决定读者的理解过程。文本的局部衔接和整体衔接水平都将直接影响到读者理解过程和理解结果。译者在翻译过程中只有建立了连贯的心理表征才能忠实地完成自己的双语转换过程。

二、笔译翻译过程的积极意义

语篇衔接对翻译活动的规范作用首先体现在源语语篇理解层面。源语语篇的理解过程就是译者调动语言、知识储备、建立连贯心理表征的过程。心理表征的连贯程度决定于译者对源语语篇衔接方式的感知程度。与普通读者相比，译者对源语衔接方式的感知应该是更全面、更具体的，否则译者就没有办法还原源语读者在阅读源语语篇时所生成的连贯表征，从而使翻译活动丧失最根本的忠实性。

作为译者，要成功完成语篇全方位的翻译转换，须全面解析源语语篇的衔接方式、衔接内容和衔接功能。这就要求译者在源语语篇理解的过程中根据需要完成从句内衔接到跨语句和超语句衔接、从句法表层到认知表征、从局部连贯到整体连贯的全方位分析。

这些衔接是通过语句形式上的配合和语义上的对比来实现的，它们是原文作者通过语言手段帮助读者建立连贯表征的基本手段。而往往就是在这些层面，译者会由于第二外语水平的局限形成理解过程中的盲区。此外，就外语语篇而言，其最大的特点是通过关联词、关系代词、分词或其他句法手段来将若干个简单句串联成一个复杂的复合句。而汉语语篇行文的特点是短小精悍、依靠单句之间语义的关联来实现句与句之间的衔接。

重复、变化和压缩的衔接手法所实现的远程衔接并不总是那么清晰可辨。这对译者全方位解析源语语篇的衔接方式造成一定的障碍。尤其是那些通过句法上的对称、语义上的照应在较长的范围内完成的跨语句衔接，如果译员对第二外语没有足够的感知和把握，是很难在理解和表达的过程中将其体现出来的。超语句层面的语篇衔接相对于跨语句衔接而言，其衔接手法的间隔距离更长，实现的途径也多种多样。这就需要有很强的文化功底与知识功底，如若不然，译者在翻译过程中，由于某个主题知识的空缺或者语篇表征连贯程度上的欠缺，都会导致翻译活动的不完美甚至失败。

要解决上述三个语篇衔接层面遇到的问题，除了通过提高第二外语水平和百科知识水平来努力克服语言、知识层面遇到的障碍外，翻译过程中，译者还须均衡考虑语篇衔接的方式、功能和目的，然后根据上下文做出取舍。语篇衔接手段的最终目标是为了帮助读者建立起连贯的心理表征。在源语语篇的衔接方式不能等值传达的情况下，须考虑其在上下文中的语篇功能，在不影响语篇连贯的前提下，可以适当变换语篇衔接的手法。语篇衔接处理过程中还要充分考虑到汉语语篇衔接的特点。在不影响语篇连贯的前提下，如果汉语能通过语义上的承前启后来实现，可以采用删繁就简的手段。对于由于语言结构差异造成的语篇衔接的不可译性，可以通过变换语篇衔接方式、调整信息传递顺序等策略来完成，在极个别情况下甚至可以在上下文允许的范围内改变原有语篇的结构。

三、笔译翻译过程的相关实践

（一）句内衔接翻译

在学生译文中，常常会看到，由于两种语言行文和句法上的差异，学生在翻译的过程中自然而然地将前后两部分做了拆分处理，而且采用了重复核心词的方法来补偿源语语篇中定语从句完成的衔接。从语篇衔接所起到的规范作用来看，译者在理解的过程中应该考虑到整个句子通过衔接手段所达到的连贯效果。衔接词所起的连贯作用只能是局部的，而不能左右定语从句中出现的所有动词产生的连贯。因此，做拆分处理通过其他衔接手段来完成源语语篇的局部衔接是必然的。

学生的译文对几个分词所引导的定语成分的处理也很成功，其译文将作者的风格和汉语的行文特征很好融合到了一起，因此具有画龙点睛的作用。学生在翻译过程中，没有完全按照源语语篇所呈现的信息次序来翻译，而是对采用分词所拓展的信息做了拆分处理，并且作为独立的一句话将其做了提前处理。从源语语篇来看，几个过去分词的连续使用不仅拓展了信息，而且突出了主句的在整个句子中的核心意思。在翻译过程中，汉语是没有办法通过这样的句法形式来实现此功能的。唯一能做的只能是，在不损害语篇连贯的前提下，根据源语句子所突出的语义，在语篇层面做出调整。学生译文做出的后置信息前提选择，既保留了原有语句的连贯，也突出了源语主句在语篇中的画龙点睛的作用。

（二）跨语句衔接翻译

跨语句衔接指的是两个相邻语句之间的衔接。这种由简短的句子构成的跨语句衔接手法的翻译较简单，直接翻译一般不会遇到什么障碍。即使个别情况不能对应翻译，也可以通过上下文所产生的语义场来补偿，尽管跨语句衔接的实现手法较常见，但是偶尔也会造成理解和翻译上的困难，学生在翻译过程中，会将一些单词的含义进行直译，不能将原文的含义更好地表现出来。

用词上的衔接是语篇连贯的基本手法，翻译过程中往往由于理解上的不到位，而疏忽或者误译个别衔接手法，在汉语再表达的过程中，如若按照源语形式翻译出来则显得累赘，而若要采取删减的形式来处理，译文前后两句的语义衔接更为紧密。

（三）超语句衔接翻译

超语句层面的衔接属于远程衔接，主要指三个或三个以上语句之间的衔接（包括整个语篇层面的衔接），找不到任何形式上的如并行、释义、省略、替代、指代、时态、语体、连词、次序等类远程衔接手段。

超语句层面最常见的一种衔接手法就是以叙述对象为核心的代词或物主形容词的使用。一整段语篇就是通过使用第一人称单数的人称代词和物主形容词衔接起来的语篇。当然，这一类的衔接手段容易发现，也容易在译文中体现。

语篇衔接的概念不是静态的，而是动态变化的，也是立体化的。语篇衔接概念对翻译活动的规范作用体现在从源语语篇理解到译语语篇生成的各个环节。语篇衔接的根本目的是帮助译者建立起连贯的心理表征。在保证语篇表征连贯的前提下，翻译过程中可以根据上下文、文体风格、语言特征等因素对形式各异的衔接手段做出恰当的调整和有选择的取舍。

四、笔译翻译的过程教学法

过程教学法（process-oriented approach）是与传统的结果教学法（product-oriented approach）相对而言的，两者的理论基础和指导思想都不相同。结果教学法注重学习的内容，强调知识的传授与获得，在操作程序上是教师讲解输入模式，而过程教学法是针对语言教学的“过程层面”提出的。

重视学习的过程和方法，强调能力的培养，在操作程序上是教师指导下的学生自主学习模式，教师由知识的“传授者”转变成为学习的“引导者”“组织者”“监督者”“激励者”和“评价者”，帮助学生在学习过程中发现、分析并解决问题，提高能力。翻译能力的有效构建要求翻译教师在翻译教学中弱化翻译结果意识，更多地关注翻译过程本身。

过程教学法具体包括教师笔译作业设计、学生笔译作业过程、笔译作业展示。其中，学生笔译作业过程即是学生从事翻译实践的完整过程。美国翻译理论家把翻译过程分为四个基本步骤：分析、转换、重组、校对。加拿大翻译理论家将翻译过程分为三个阶段，即理解、重新表达、检查核实。

关于翻译过程的理解应该是建立在分析与理解的基础上。理解包含着分析，分析是为了理解，重新表达包含着原文的转换与译文的重组，理解与分析的最终目的都是为了重新表达，检查核实即是校对。理解分析、重新表达与检查核实三者是一个有机整体，共同构成一个完整的翻译过程。这种以过程为导向的小组笔译作业能够向学生清晰地呈现完整的翻译过程与步骤，为学生提供一条快速掌握翻译方法与翻译技巧的路径，提高学生的翻译能力与翻译水平。

（一）笔译作业设计

针对应用型翻译人才培养的教学目标，教师在设计笔译作业时，可以同时设置定题作业与选题作业两种形式，并规定作业完成方式。定题作业是教师根据学生的语言能力、词汇知识和文化水平，选择一篇在翻译市场上具有广泛应用性的信息性文本作为学生必须完成的笔译作业，并要求学生在翻译时撰写翻译日志，记录翻译过程，译文提交时需同时提交翻译日志。选题作业要求学生摘录名家名译，题材与体裁不限，内容为名篇的多译本，在对多种经典译文的对比分析中，揣摩名家译风与翻译技巧，同时要求学生将各个译本的可取之处与不足之处记录在翻译评注中，并详述评价理据。选题作业是针对翻译学习兴趣浓厚、英语基础较好的学生提出的选择性作业，旨在培养学生的批判性思维，提交的作业应包括原文和不同译文摘录以及翻译评注等内容。鉴于翻译教学的教学实际，定题作业与选题作业均以学习小组为单位完成并提交。

（二）笔译作业实施过程

以过程为导向的学生小组笔译作业要求教师引导学生积极主动地审视自己的翻译过程，围绕作业过程展开翻课堂教学，此时采用翻译工作坊的方式能够较好地实现这一教学任务。两个或者两个以上译者聚集在一起从事翻译活动，或多个译者因为某项具体的翻译任务而聚集在一起从事翻译活动，在分析、讨论、协商中拟定一份为该群体所认可和接受的译文的活动。作为一种翻译教学或翻译学习模式，翻译工作坊能够为学生提供一个高强度的翻译训练平台。学生通过在“翻译中学习翻译”“在合作中学习翻译”“在讨论中学习翻译”的方式，借助课堂内外的交互学习环境，切实提高翻译能力和译者能力。现以定题作业为例，将翻译工作坊在小组笔译作业过程中的操作程序介绍如下。

1. 建立学习小组

针对外语院系翻译大班教学的实际情况，将学生分成 5 至 7 人一组，以学生自由组合为主，教师可根据各组学生英语水平进行适当微调，以保证每组学生实力相当，各组之内有高中低水平混合搭配，小组成员相对固定。在进行课堂教学时各小组围坐在一起，以便开展课堂讨论。每组设定一名小组长，负责协调翻译过程中的相关事宜，如小组讨论、翻译日志撰写以及课堂翻译陈述等组内任务的分配等。

2. 完成小组翻译作业

教师设置笔译作业任务后，小组成员即聚集在一起进行翻译作业。采用翻译工作坊的目的，是通过实际翻译操作，让学生充分了解翻译过程和步骤，提高学生识别翻译问题并学会运用翻译策略解决翻译问题的能力以及承接翻译任务的能力。因此，在小组翻译作业时，将翻译的过程进行具体的划分，主要分为五个部分。

①文本分析。小组成员一起阅读源语文本，弄清文本类型、文本风格、文本出处、文本内容及目标读者等信息。

②译前编辑。对不熟悉的术语加下划线，调整句子语序，切分翻译单位，讨论可能遇到的翻译问题，寻找相应的翻译策略。

③翻译操作。在阅读、分析、讨论的基础上，小组成员借助词典、百科全书、专业书籍、翻译软件或者网络资源进行初步翻译。

④译后编辑。组内成员对各自初步译文进行相互比较与评论，提出修改

意见和建议，做出翻译抉择，得出小组译文。

⑤修订校对。检查译文中技术错误、语法错误、语义错误以及语用错误等问题。

3. 撰写翻译日志

翻译日记具有很强的操作性与鲜明的实践性，聚焦小组笔译作业过程中如何阅读、如何理解与如何表达等问题。通过相互交流翻译心得，合作完成翻译任务，然后撰写翻译日志，可以引导学生对翻译过程中涉及的语言和非语言加工步骤进行反思。翻译日志是翻译评注的一种形式。

学生撰写翻译日志的过程，是认真审视、反思自己认识和解决翻译难题的思维过程与采用翻译策略的过程，是运用所学翻译理论解决翻译问题的过程，是对自己的翻译思路、翻译理念、翻译感悟的记录、反思和总结。小组翻译日志的具体内容可以包括源语文本性质和文体风格分析、翻译目的和译文目标读者分析、翻译过程中所查阅资料和综合运用专业知识的记录、确定某个词或句子翻译时所用的翻译方法、翻译过程中的有趣发现、翻译过程中遇到的困难以及解决翻译困难的策略等。

过程导向型翻译教学就是要通过建立学习小组、完成小组翻译作业以及撰写翻译日志，学生不再被动地接受教师总结出来的翻译知识，而是主动地参与到译者能力与翻译能力的构建之中。教师的角色也相应地由知识的“传授者”转变为学习的“引导者”和“组织者”。在过程导向型小组翻译作业模式中，转变学生的角色，逐渐培养独立提出问题、分析问题和解决问题的能力以及协作完成翻译任务的能力，在翻译作业过程中将翻译理论与翻译技巧内化。

（三）笔译作业展示

学生课下小组笔译作业结束，得出译文之后，即进入笔译作业课堂展示环节。传统的学生笔译作业与评阅模式中没有课堂展示环节，仅仅是教师在批阅学生笔译作业给出一个分数之后，针对学生译文中的缺点在课堂上进行点评，学生课下对照参考译文自行修改译文。这种结果导向型传统笔译作业评阅模式的弊端在于很难监控学生的翻译过程、很难发挥学生在翻译过程中表现出来的主体性。此外，聚焦学生译文错误，不利于激发学生学习兴趣与提高学习信心。

与此不同，以过程为导向的小组译文评阅采用课堂展示与同伴互评方式进行。同伴互评是一种合作学习机制，“指由两个或两个以上学习者组成小组，为组员的作文或译文提供反馈意见，并讨论其中的重点与难点”。在过去即使几十年中，同伴互评教学模式在外语写作教学中得到广泛应用和研究，但在翻译教学中的应用相对较少。笔译作业课堂展示环节同样以学习小组为单位开展，小组之间的同伴进行互相点评。为了使同伴互评中学生反馈意见专业化，需要对学生进行同伴互评技巧培训。培训内容包括翻译课堂同伴互评的原则，如互评态度客观、宽容；互评结果的开放性与多元性；翻译批评中的常用术语与误译标签。

1. 小组译文翻译互评程序

①译文朗读。选定一个学习小组中的代表大声朗读本组译文，其余各小组对照自己的译文和原文倾听。

②翻译日志陈述。小组代表针对朗读的本组译文陈述翻译日志。

③同伴互评。各小组讨论翻译日志陈述中提出的翻译困难，共同寻找针对这些翻译困难可采用的翻译策略，重点讨论翻译某个语段时的翻译思路与翻译抉择。

2. 笔译作业评估

在过程导向型小组笔译作业与评阅模式中，学生笔译作业成绩采用形成性评估机制，主要包括三项内容。

①小组翻译日志和翻译评注得分。教师建立小组翻译学习电子档案袋，对每个小组定题作业及翻译日志和选题作业及翻译评注的详略情况进行检查，并给出相应评分，作为形成性评价的重要依据。

②小组译文得分。教师将本班所有小组译文并列呈现在电子教案中，并与参考译文进行比对，经过同伴互评环节的充分论辩，各小组译文的优劣之处已见端倪，教师和全班各个小组给每一份小组译文评定分数，小组平均分为该组译文的最终得分。

③小组发言次数记录得分。小组译文课堂同伴互评中，每位组员发言的次数表明该组学生参与课堂活动的积极性与成果状况，也是小组作业成绩形成性评价的重要依据。小组内各组员笔译作业得分相同，各小组之间笔译作业得分不同，这样在小组内部形成团结协作，小组之间形成竞争关系，激发学生的学习动力。

第三节　留学生译语生成能力的构成

一、相关概念的论述

翻译是指将口语或书面语从一种语言（源语）转化成另一种语言（译语）的过程，或者指由这一过程所产生的译语文本。“翻译是一门独立的学科，翻译教学区别于纯正意义的语言教学，翻译需要进行专门的翻译训练。”随着国际市场对翻译需求的增加，翻译学科也有了令人瞩目的发展，世人对翻译教学也有了清晰的认识，越来越多的来中国学习的留学生也开始学习翻译。

（一）翻译能力的概念

翻译能力是自 20 世纪 80 年代以来一直被国内外学者关注的热点问题之一，有关翻译能力的研究也已经有很多。基于不同的理论范式和视角下，学术界对翻译能力进行了深入的研究，并且提出了各自不同的见解。①翻译能力由三大类能力构成：认知能力、语言能力和交际能力。②翻译能力可概括为双语能力、分析综合抉择能力、语篇处理能力和职业能力。③翻译能力包括语言能力、认知能力、交际能力和转换能力四部分。从以上学者提出的翻译能力构成中可以看出，语言能力是最基本的构成部分，而至今以翻译能力中的语言能力为中心的研究却较为少见。

（二）语言能力的概念

语言能力包括了在不同层次上对两种语言的掌握和熟练程度。转换机制、语际间的调节和综合，势必会增强对语言的选择和表达，而修辞风格、主题知识的造诣和文化意识又表现了在更高层次上对语言的掌握。语言转换是翻译过程和译者专业操作的特征。在语言转换中，译者应用了一系列的技巧，使各种成分能力协同一致，将原文转换成译文，充分体现了译者的专业特长。

当译者参照原文意义寻求译入语的对应概念和表达方式时，转换活动是可见的；而当译者在短期记忆中从多种选择中寻找、比较、选择对应并做出决定时，转换活动是不可见的。语言转换有时不仅不可见，而且不可控制，因为语言转换中的自动过程译者本人也不能做出解释。各种不同的语言因素在语言转换中发挥作用，译者的认知机制和交际能力也会加强或区别于其转换能力，因此也影响了翻译质量。钱正福曾就翻译能力和语言能力做过研究，他发现，语言能力较弱或者对翻译技巧缺乏了解，无疑会影响学生的翻译能力。很多的学生的翻译成绩不理想主要是其较弱的语言程度以及其贫乏的跨文化知识。不少学生感觉到因为自己的英语语言能力比较薄弱，所以他们在做翻译练习时经常会遇到很多的困难，跨文化翻译就更不要提了。

语言能力是翻译能力的一部分，两者息息相关。但是，在翻译中较强的语言能力往往并不是好的翻译的保证，好的翻译会受到语言能力及其他因素的影响，如译者对社会文化、翻译技巧等方面的掌握情况。由此可见，学生跨文化翻译能力的提高既需要较强的跨文化意识和社会文化能力，更需要过硬的语言基本功。

（三）译语生成能力的概念

译语生成能力是翻译教学中常提到的问题，但是至今并没有对这一概念有明确的定义。本研究认为译语生成能力的获得是一个动态的过程，译者首先要做到简单的语言对等，通过系统的双语学习和翻译技能学习，做到语言思维的转换，后经过对译语的社会文化深层了解，最终实现深层的文化思维转换，而这个过程就是译语生成能力的获得过程。当然这个过程也是存在反复性的，因为语言能力在此过程中不断地进步以及修正完善。同时，笔者认为，译语生成能力应包括语言能力、思维转换能力和跨文化交际能力，只有很好地掌握这三种能力，才能获得良好的译语生成能力。而在翻译教学中，必须逐一提高学生在此三方面的能力，才能培养出合格的译者。

二、译文质量评估与译语生成能力评估

翻译是一项“跨文化、跨语言的，人类有目的的社会交际行为”，而在这个过程中，译者要不断努力以达到源语意义与译语意义无限度的趋同。功能语言学认为，翻译的本质在于两种语言的语篇应该有同一整体情景语境，而在这语境中，两种语言的语篇的内容应该具有相同的意义，并且表达出相同的功能。在寻求两种语言的语篇的概念意义对等的同时，还必须寻求两种语言的语篇在表达讲话者的态度、动机、判断、角色等人际意义，以及在表达媒介、渠道、修辞方式等语篇意义的对等。从文化的角度来看，翻译的本质就是通过变更语言形式克服两种语言之间的障碍，这种交际活动其实就是为实现语言与文化在形式与内容这两方面的整合与协调而做的不断探索。

通过翻译本质，我们可以发现影响翻译质量的因素是呈现在不同方面的，既包括语言，也包括翻译过程。但是要评价译文的质量好坏，落脚点主要还是在原文与译文在意义的趋同程度上。“意义”是一个非常重要的概念，因为意义是形式与内容的集合概念。研究意义就必须研究语言、思想与实体三者之间的关系，但这三者都与人相关，语言要靠人用，思想是人认识世界的

结果，实体是人认识的对象与创立意义的依据，因此研究意义就应该研究这四者的关系。

三、译文质量评估的参数以及标准

评价译文质量的三个主要构成参数为“语言”“实体”和“思维”。翻译是通过语言来实现的，所以“语言”就是译文质量评价的基础。“实体”是译文质量评价的显性载体，通过这些载体，可以划分和认识文本类型，并对各类体裁现象具有根本性的认识作用。“思维”是译文质量评价的必然。因为交际三元都有各自的思维活动，合理推理翻译过程所涉及的交际者或受体的思想是客观评价译文的必要条件。

（一）语言参数

语言既包括源语，也包括译语，为翻译质量评估中最先参考的评价参数。在语言层面，“词汇”“语法”和“语篇”是三个主要需要考虑的因素。作为评价译文的最小语言单位，“词汇”会涉及方言、语域和专门术语等方面，例如“词义辨析”“感情色彩”“文体色彩”等。“句子”是组成译文的主要语言单位，所以也是评价译文的主要方面，而“句子”主要会包括两种语言所涉及的各种句法结构。译文中的最大语言单位就是“语篇”，所以评价译文当然也要分析“语篇”。以上这些因素就是译文质量评价中语言参数的主要考虑方面。

（二）实体参数

在翻译中，源语文本和译语文本是人们进行交际的载体，所以在翻译质量评价中是不可或缺的参数。而这里所讲的文本不只是指显性的文本，更包含影响文本交际的其他因素。通常，构成文本的是一些表面的因素，例如表达手法、题材性质、结构类型、语言体式、形态格式等。但是，文本要实现交际功能，还会受到文本外的其他因素的影响。

在其文本分析理论中指出，文本具有“文外因素”和“文内因素”。“文外因素”会涉及信息“发送者及其意图”“文本媒介”“交际动机”等一系列因素的影响，译者在此基础上对文本展开有关目标功能、文本形式、源语文本的制作、文本翻译的目的等方面的正确的分析，最后实现翻译。而“文内因素”主要会涉及“内容”“前提”“词汇”“句型结构”等因素。这样的分析虽很有道理，但不利于译文质量评价的可操作性，所以我们将语言因素单独列出来，并划分了实体因素，要求译者既要把握文本类型，也要把握问题功能，以此来评价译文质量。

（三）思维参数

在翻译活动中，原作者、译者、译文读者构成了交际的三元因素，这三者的思维都会影响翻译质量。“语言”和“实体”都与交际者有关，所以要表达隐性的“思维”就必须要通过“语言”和“实体”这两个渠道来实现。要客观评价译文，就要看翻译活动是否成功。要了解翻译活动就要对翻译活动中的三元思维进行认知与推理，准确把握交际者的思维活动，了解译文读者的期待，从而揭示交际者和语言与实体的关系。思维因素体现了时代精神、民族传统、阶级印记、作家风格、交际境域、读者经验等深层的社会因素，解决的是读者接受问题、翻译的社会功效或规范等问题。具体来说，思维参数就是通过分析原文作者意图、译者意图、读者的期待这三方面来评价译文的效果。

目前基于此，国内外也都制定了相关的翻译质量评估标准。而在这些标准当中，都对译文的字词、句段及语义方面制定了相应的要求。而在国际上，成立的本地化行业标准协会（LISA），作为本地化和国际化行业的首要协会，也制定了他们的质量标准规范。而很多国际和本地化翻译公司的标准也都是基于上文提到的三个主要参数来制定的，如若将其具体划分的话，以译文内容来看，可以归结为词汇、句法、语义和语用这四方面。

（四）相关标准

国内外的译文质量标准除一些外部要求，如术语及一些本地化的要求，其他的标准归根结底也是依据语言、实体、思维这三个主要的参数来制定的，而这三个主要参数也体现了译语生成能力的构成。语言参数与译语生成能力中的语言能力相对应，要求译者在词语、句段、语篇等语言理解上有较好的把控能力，而实体参数不仅包含了译语生成能力的语言能力中的一部分，也包含了认知能力。译者要了解文本的用途和风格，就要有较好的认知能力和语言能力。而最后的思维参数则主要对应译语生成能力中的跨文化交际转换能力。思维参数也是评判译文质量高低的重要参数，而跨文化交际转换能力也是提高译语生成能力的主要能力。一些著名的译者之所以其译本被世人称赞，主要是因为他们能够做到将源语和译语的文化完美转换。

四、译文中常见的错误分析

我们对译文中常见的错误进行分类、汇总，主要可以分为四种类型：语义、语用、词义、句法。对这种这四种常见的错误进行分析，最终得出其语言能力的差异点，并针对翻译方面，提出不同的语言能力的培养方向。

（一）语义

语义在翻译中是非常重要的内容，它让译语读者能够走入源语作者的思想世界，并获得和源语读者一样的思想意识内涵。其主要目的就是使译文实现和原文一样的效果。

在实际的翻译当中常常会出现语义不等值的问题。这些不等值错误主要为两种：显性语义错误和隐性语义错误。语言材料是一种以交际为目的、以文化和社会为背景的符号系统，翻译本身就是一种文化交流手段，而文化背景所导致的语义不等值问题对翻译所造成的障碍必须靠了解语言的文化社会背景来解决，最终目的是将原文中独特的语言符号及含义准确地转换成为本文化所接受的译语。

语义分析是翻译过程中最关键的环节之一，也是翻译研究的实质性问题。想要彻底地理解原作的意思，就必须了解影响这些意思的各类要素，像词、句子和话语结构的意义首先会受到上下文、句法规则及习惯用法的影响，但是这些并不是全部。言语环境、文化差异、文体职能等因素更能表达原文的意思。只有将这些内容在译文中贴切地表达出来，才能保证译文的效果。

1. 显性语义错误

显性语义大多为词汇句子直接表达的意思，只要有基本的文化了解就可以理解的意思，通常显性语义较好理解，在翻译中不易出错。

可见，显性语义错误只要是译者稍微留心一些就可以避免。因此，在翻译中一定要注意上下文的理解，这样就可以避免一些不必要的错误。

2. 隐形语义错误

在译语生成过程中，译者常出现的语义翻译错误主要为隐性语义错误，而导致这些误译的最重要原因是译者没有发现隐藏在寻常话语背后的异文化语义。由于隐性语义缺乏明示的标记，很多时候翻译的对与错全看译者对不同语境的把握。如果说显性文化语义的误译主要跟一个人百科知识与语言分析、语言表达能力的高低有关，那么，对隐性文化语义的误译则更多地表现在对译出语文化蕴含是否敏感上。

很多的译者都喜欢对译文进行直译，没有对整体的文章进行理解与分析。关于词汇的真正的含义也没有多加理解，对于隐藏的含义也没有多加注意，这也造就了隐形语义错误。

（二）语用

语言的语用意义通常是指语言符号对人产生的影响。译语的语用意义是和语境紧密相关的。因为在特定的语境中，同一事物在不同文化背景中会出现不同语义的问题，因为在不同的社会环境中，语言表达的意义会不一致。根据语用学研究的两个基本范畴——语用语言学和社交语用学，词汇意义可以分为语用语言意义和社会文化语用意义这两个层面。语用语言意义就是利用语境当中纯语言的因素来分析出词汇话语语境意义；社会文化语用意义是指通过分析社会文化认知因素得出的词汇话语的社会文化语用意义。据此，语用等效翻译也相应包括两个层面的含义：语用语言等效和社交语用等效。

1. 语用语言翻译误差

语用语言等效主要是指译语不停留在源语文本的语言形式上，而是通过使用最自然贴切的词语将其内容完整地表达出来。要实现翻译的语用语言等效，必须注意源语的语用用意，注意从源语的角度看词语的语境含义。所谓语用用意即言语的意向，它包括明说的字面之意和暗含的言外之意。某些字面之意往往不是作者真正要表达的意义，所以翻译时根据语境辨认出源语的言外之意就显得十分重要，在翻译时必须根据语篇内部的因素来确定其真实含义，因为这些因素可以限制或决定词语的意义。

要实现语用语言等效，对译者来说是比较难的，因为要脱离源语的语言词汇框架，就要深入地了解意思、表达意思。要做到这点必须对源语的社会文化和译语的社会文化进行深入了解，只有这样才能准确地表达出译入语读者可以理解的译文来。

2. 社会语用翻译误差

社交语用等效则要求译者在具体的文化语境中准确理解原作，根据目的语的文化习惯制作译文，从而达到等效。要实现翻译的社交语用等效，译者必须从社会文化交际的角度考察语言的使用。若源语中词语的语用含义因两种文化共性能被译文读者理解和接受，则不难翻译；反之，源语中词语的语用含义因两种文化的差异不易被译文读者理解和接受时，要达到社交语用等效就需要排除一些困难。

那么，要做到社会语用等效，就必须了解所翻译的文本类型的语言风格，这就要求在译语生成过程中，译者要有相应的社会文化的积累，不论在词汇上还是在知识上，只有这样才能使译文和原文获得同样的语言效果。要做到这些，译者必须要对译入语的社会文化有着深层次的了解，只有这样，才能在翻译中做好社会文化交际。

（三）词义

词义是语言学习中较为难学的方面，尤其在汉语学习中，词义学习要求学生要对词义大致相近的词汇之间的细微差异有较强的分辨力。而在翻译中，词汇的准确选择也关系着译文的准确性及译文的质量。

在译语生成过程中，这些问题属于译语词汇选择层面的问题。词汇的辨析一直是翻译当中的难点，能够洞察译入语词汇间细微的差别就要求译者有相当高的译语生成能力。而如何在翻译中做到准确无误，译者首先要有扎实的语言基础，要明确基本词汇的意思和用法。其次，对于那些词义较近的词汇辨析，要学会分析语境来最终确定准确的词汇，而做到这一点，则需要外籍译者长期学习和积累社会文化。

1. 感情色彩

我们常说翻译要忠实于原文。所谓忠实，首先指忠实原作的内容。译者必须把原文的内容完整而准确地表达出来，不得有任何篡改、歪曲、遗漏、任意增删的现象。而我们讲的内容通常是指作品中描述的事实，描写的景物以及作者在文中所体现出的思想、观点、立场及所流露的感情等。能够根据感情色彩选择恰到好处的词汇来表达原文的意思对于译者来说是较高程度的要求。这要求译者不仅能够很到位地理解原文的感情色彩，还要求译者对于译入语有较深的语言功底及社会文化基础。只有这样，才能译出无限接近原文意义的译文。文学翻译对此方面的要求比较高。

就翻译来讲，会遇到各种类型的翻译文件。关于词汇的感情色彩也会给翻译工作带来很多的困扰，对于如何表达立场、如何选择正确的词汇将这些文件原本的内容进行表达也是需要费一番功夫的。所以在译语生成过程中，译者需要利用上下文或者平行文本来明确感情色彩相近的词在意义和使用范畴上的细微差别。类似于此类词汇的分辨必须是拥有深厚的语言文化功底的跨文化译者才能很好地掌握。而对于这样的词汇，译者需要借助翻译的语篇及其社会文化背景来确定所选择的词汇。尤其在新闻类翻译中，词汇的感情色彩尤为重要，译者要有政治敏锐性，避免词汇的感情色彩引起政治敏感问题，而如何适当地表达感情色彩则是根据具体文本情况而定。

2. 文体色彩

现代语言学家认为，许多同义、近义词都有各自的语域，不同的场合要使用不同的语体。人们的言语活动通常是在一些特定的语域中进行的，而语域的差异则大量反映在词汇上，带有文体色彩的词汇最能体现译文文体类型。如果译文中的词汇表达太过随便，那么译文就会失去原文的效果和作用，最终导致交际失败。所以想要实现原文预期的实际效果以及文体效应，我们就必须要学会恰当使用相应的文体词汇。新闻类译本要求用词准确、严谨，正确反映客观事实，且感情色彩也要准确、恰到好处；说明文要求言简意赅、明了简洁，方便读者快速理解学会。

而在译语生成过程中，译者要在译文中实现与原文相同的效果和作用就必须使用相应的文体词汇来表达。多数学生在新闻类和说明性文本的翻译中出现最大的问题就是语言比较拖沓且过于通俗，这可能与他们缺少特定领域的词汇量有一定的关系，这样就会影响其译文的效果。同时也表明，除日常词汇外，学生的书面语词汇量较小，可选择的词汇也就少，这就会造成译文用词单调通俗。要解决这个问题，就要多看与原文相同类型的文本以积累相应的词汇表达。

（四）句法

1. 句子成分缺失

句子结构的完整是对译文最基本的要求。译文首先要能够被读者读懂，如果读者连译文都读不懂的话，那说明这个译文是不合格的译文。而这也是在翻译中对译者语言能力最基本的要求。所以，在这一方面有很多的同学遇到了困难，句子成分的缺失，就会造成在翻译过程中的失误。

学生在翻译时仍会受到源语结构的影响，在语言思维转换方面都有问题。尤其在译文中可以明显地看出源语的句子结构，最终导致译入语句子成分的缺失。在译语生成过程中面对这种问题，译者首先要跳出源语的句子框架，重新整理句子结构，将语言思维转换为译语的句子构成方法中，表达出符合译入语语言表达的语句，除此之外，译者还应多阅读，以增强译语语感。

2. 语序顺序混乱

语序颠倒的问题是在翻译中常出现的问题。此类问题是与不同语言、不同的表达结构有关的。不同的语言其句子构成的方法也不同，这与东西方不同的思维方式有关，这就要求译者要培养跨文化思维的转换和语言结构转换的思维。

语序颠倒主要的问题还是在于译语生成过程中语言思维没有转换过来，仍然停留在源语的语序当中。要译出通顺流畅的译文就必须要做到语言思维的转换，用译入语的表达顺序来表达源语的意思，最终成功实现语言交际。

3. 逻辑顺序不清

汉语中表达逻辑关系最多使用的就是连词，汉语中有许多的连词，使得汉语表达起来前后关联，逻辑性很强。而这些关联词的使用也是留学生汉语学习中的难点。留学生译者在句子的逻辑方面都存在不小的问题，或是缺乏逻辑连接词，或是连接词使用不完整，更有的使用错误的连接词。可见，留学生在做译入语为汉语的翻译时，逻辑连接词的使用是亟待加强的部分。

缺少了逻辑连接词，使得两个句子之间没有任何关联，影响读者的理解。逻辑关系通常受到文化传统、思维模式、语言结构的影响，所以是衡量译文的重要指标。如果源语的逻辑关系在译语中没有正确体现出来，可能会导致译文改变原文意思的结果，最后影响译文的质量。在对于逻辑关系的正确性的培养中，一定要正确分析原文逻辑关系，其次选择正确的译入语逻辑连接词，最后以译入语的表达习惯表达出来。而要做到这些，前提必须是对译入语的逻辑表达有扎实的基础。

五、译语生成能力的构成与发展

实现深层的社会文化思维转换的过程就是译语生成能力的获得过程，同时也是译语生成能力由初级到高级的发展过程。外籍译者译文中出现的一些错误和问题也能很清晰地显现出其在译语生成过程中某一能力的掌握情况。像错别字、量词、词义这些问题是最基本的语言表达能力的体现，也是培养译语生成能力的最基本的要求。而句法问题和显性语义问题则能够体现出译者的语言思维的转换能力，因为对于读者来说译文的流畅性是评判译文的基本标准。当译者可以较好地做到前两方面时，社会文化转换能力就显得尤为重要，因为要完成高质量的译文就必须要做好两种不同语言的社会文化思维的转换。

像感情色彩、隐性语义以及文体表达等方面的翻译都要求译者要对源语和译语两种语言的社会文化以及文本类型表达有相关的了解和认识，这样才会形成与原文表述相一致的效果。

译语生成能力的获得是一个动态的过程，留学生的译语生成能力存在一定的差距，而在翻译教学中应该针对不同能力的学生采取不同的教学侧重点。对于语言水平较好的留学生来说，翻译教学更应该将重心放在译入语社会文化思维的交流和转换方面来，多涉及各种不同领域的内容和文本类型，使其了解各个领域的思维和表达方式。但是对其语言方面的提高仍然不能松懈，这类学生的语言表达和思维转换方面需要进一步修正和完善。尤其是针对一些语言方面较细微的错误，我们更要积极修正，尤其像量词的使用等难点方面，应该增加一些针对性的训练。而针对那些语言水平较弱的留学生，首先还应将重心放在对社会文化涉及较少的内容上，重点提高其语言思维的转换，巩固其译语基础表达能力，待其相应的语言能力有一定提高后，再加入跨文化交际和转换的内容，从而培养和提高其译语生成能力。

通过语料分析分类，我们认真归纳总结了译语生成能力的构成要素，译语生成能力是译者翻译能力的一个有机组成部分，译语生成能力由译者的语言能力、思维转换能力以及跨文化交际能力构成。语言能力主要涉及外籍译者的音、形、义和句法等语言基础问题。而思维转换能力主要包括语言思维转换和社会文化思维转换。跨文化交际能力着重是指社会文化交流层次的问题，会涉及不同语言文化的各个方面。可见，在培养外籍译者时，首先应扎实其语言功底，再培养其思维转换能力，而跨文化交际能力是需要长期了解积累才能够提高的。

翻译活动在人类文明、文化的交流中发挥了重要作用。现代社会中，翻译促进了精神文明、文化、科学技术信息的传播，各个领域都需要翻译人才，翻译教学研究和建立翻译人才的培养模式成为社会的明确需要。随着留学生翻译学习的增多和扩大，培养具有较高的译语生成能力的翻译人才必将是翻译教学的新目标，合理地规避常见的错误类型，参照一定的标准，培养高质量的翻译型人才。

第八章　应用型翻译人才的口译能力培养

口译是不同语言与文化团体进行跨语言交际时所发生的一项特殊交际活动，口译活动有其特殊的认知过程。在口译中，译员所记忆的不可能是单词或句子，而是相对脱离了语言形式的意义。口译中信息通过两种语言转换，本身就是一个脱离源语语言形式的过程。照搬源语语言形式不仅是行不通的，也是为口译的目的所不容的。

第一节　口译概述与能力构成

一、口译概述

口译是翻译的一种形式，也是一种复杂的交际行为。相应地，口译能力也是一种由多种要素构成的能力。下文将简要介绍口译的定义、类型、特点及质量标准。

（一）口译的定义

简略而言，口译是指“对口头表达的信息及文本进行的口头翻译”。从交际学的角度来看，口译是“一种通过口头表达，将所听到（或读到）的信息准确而又快速地由一种语言转换成另一种语言，进而达到传递与交流信息之目的的交际行为，是人类在跨文化、跨民族交往活动中所依赖的一种基本的语言交际工具”。口译专家指出，口译活动不是一种机械地将源语符号转化为目标语符号的“翻语”活动，而是一种积极的、始终以交流信息意义为宗旨的、具有一定创造性的“译语”活动。因此，口译不是孤立地以词义和句子意义为转换单位的单一性语言活动，而是兼顾交际内容所涉及的词语意义、话语上下文意义、言外寓意、语体含义、民族文化含义等信息的综合性语言活动。还有学者认为，口译不是单纯意义上的言语行为，而是一种涉及多知识层面的跨文化的交际行为，是一项高智能的思维科学形式和艺术再创造的活动。

（二）口译的类型

口译按操作方式可分为两大类型：交替传译和同声传译。交替传译也称连续传译，其方式是讲话人说完一段话，停下来让译员进行口头翻译。同声传译是指译员在讲话人讲话的同时不停顿地将其讲话内容传译出来，译员的翻译与讲话人的讲话几乎同步进行。

按工作场合及职业特性，口译又可分为会议传译、随从传译、联络口译。会议传译通常在大型的国际会议上使用，如联合国、欧盟等国际组织召开的会议及地方主办的各类国际会议；工作方式为同声传译或交替传译。随从传译是指为重要人物在不同场合提供的以交替传译为主的口译服务，如各国外交部译员从事的多是这类工作。在其他场合提供的以交替传译为主，为持不同语言的交际方提供口译服务的活动为联络口译，也称为社区口译，包括法律口译、医疗保健口译、商务口译、旅游口译、媒体口译等。

（三）口译的特点

口译类型众多，但不同类型的口译活动都有以下的特点。

①即席性强：译员需要在准备有限的情况下，进行双语转码的临场操作。或许译员可以通过事先确定的主题来预测交谈各方的话题，但译员通常难以预测讲话人要表达的具体内容。

②压力大：口译场面有时非常严肃庄重，如国际会议和外交谈判正式场合的严肃气氛会给经验不足的译员造成心理上的压力。

③独立性强：译员属单打一的个体工作者，其劳动具有很强的独立操作性。译员在整个口译过程中基本上是孤立无援的，必须随时独立处理可能碰到的任何问题。

④综合性强：口译是一种综合运用视（看说话者的表情、手势、情绪等）、听（听各种带有地方口音以及不同语速的话语）、说（以母语和外语进行流利而达意的表达）、写（在口译过程中记笔记）、读（快速阅读和理解讲稿）等知识和技能的语言操作活动。口译属于一种立体式、交叉型的信息传播方式。

⑤知识面宽：在口译活动中，信息交流的内容包罗万象。职业译员的口译范围没有界限，内容可以上至天文，下及地理，无所不涉，无所不包。

从以上的特点不难看出，口译虽然简称为“口头的翻译”，但口译与笔译有许多不同之处。首先，口译与笔译的工作环境不同。口译员必须面对公众现场翻译，而笔译的工作环境则无限制。其次，口译有很强的现场性。无论是交替传译还是同声传译，译员都要在讲话人讲话的同时听清并领会讲话的内容，并立即用另一种语言清楚、准确地表达出来；而且，对于已译内容，译员一般不能进行大量的更正和补充。然而，在笔译中，译者有充足的时间反复阅读原文、体会原文，在遣词造句上可以琢磨推敲；译完初稿后，译者还可以反复斟酌字句、修改润色。另外，口译的独立操作性强。译员通常独自工作，口译时无法求助于他人的帮助，也没有时间查阅词典或其他资料；而在笔译时，译者则可随时查阅参考资料或请教他人。

（四）口译的质量标准

正是由于口译和笔译具有不同的特点，两者的质量标准也不同。笔译讲究“信、达、雅”，而对于口译的质量标准，法国释意派理论认为是“达意、通顺”，国内的口译专家提出“准确、通顺、及时”“全面、准确、通畅”或“及时准确、完整、易懂、自然、流利”的标准。综合各家的观点，可以将口译质量标准总结为：“准、整、顺、快”。“准”指译语准确，忠实于原文内容；“整”指口译中信息传达完整；“顺”指译语通顺流畅，译语表达应逻辑清晰、确切到位、语音清晰、语调流畅、易于听懂；“快”指译员能做到即时传译，讲话者的话音刚落，译员就要开始翻译，从而能让交际双方的信息传递顺畅地进行下去。

二、口译的性质与能力构成

（一）口译的性质

从常见性和普遍性角度分析，翻译主要指双语间的口译和笔译。口译和笔译的心理过程基本相同，但口译通常具有即席性，而笔译通常可以反复琢磨。

口译的性质可以从符号学（semiotics）的高度认识。符号学是系统地研究语言符号和非语言符号的学问，涵盖面广，不但能解释自然语言之间的转换，而且可以解释自然语言和非自然语言之间的转换，如把自然语言转变为哑语、盲文、旗语、灯光语、电码等。在多种符号系统中，人类语言是最复杂最重要的符号系统，但人类没有统一的语言，各地区、民族或国家使用的是不同的语言。从这个高度分析翻译的性质，我们可以看到以下三点。

第一，各种语言都是自成体系的符号系统，相互之间没有必然的联系。

第二，各种语言系统都可以用来传递相同的信息。

第三，翻译改变的应该是语言符号，而不是信息。

在心理过程方面，口译表面上是听说两种活动的结合，但其心理过程却很复杂，涉及两种语言，包含以下三种不同的心理活动：①对源语的感知与理解；②对传递内容的理解；③用目的语进行口头表达。因此，与听话和说话两种语用形式相比，口译对信息处理系统的压力更大，对自动性的要求更高。

（二）口译的能力构成

口译的基本过程是输入→解译→输出。从口译过程的形式上看，口译将信息的源语形式转换为目标语形式，即由“源语”转码为“译语”：源语输入→语码转换→译语输出。从口译过程的内容上看，口译从信息的感知开始，经过加工处理，再将信息表达出来：信息感知→信息处理→信息表达。这三个阶段又可具体分解为信息的接收、解码、记录、编码和表达五个阶段：接收→解码→记录→编码→表达。可见，口译是一种复杂的交际行为。译员要对信息进行解码和编码，同时准确建立信息概念，传达持不同语言的交际双方的交际意图。而且，口译行为始终处于动态之中：交际本身是动态行为，语言随交际的内容场景和使用语言的人随时改变；交际环境处于动态中，译员的理解和表达也处于动态中。

近年来，在翻译学界，有学者区分了“翻译能力”和“译者能力”：“翻译能力”包括源语接受能力、译语生成能力、双语转换能力；“译者能力”除包含以上三部分之外，还包括母语写作能力、职业技能、创新思维能力等内容。相应的，在口译学界也出现了“口译能力”与“译员能力”的区分。王斌华将“口译能力”定义为“完成口译任务所需的内在的知识和技能体系”，将“译员能力”定义为“口译工作者应具备的内在的知识和技能体系以及职业素质和身体 / 心理素质”。两者是部分和整体的关系：“口译能力”是“译员能力”的核心组成部分；而“译员能力”则不仅仅限于“口译能力”，还包括从事口译工作所必备的职业素质、身体素质和心理素质。具体而言，“口译能力”由“语言能力”（包括双语能力和口头表达能力）、“知识”（包括百科知识和专业主题知识）、“口译技能”（包括翻译转换能力和口译技巧）三个模块组成。

“译员能力”由“智力性因素模块”和“非智力性因素模块”两大部分构成。其中，“智力性因素模块”以“口译能力”为核心，是口译教学和培训的重点；“非智力性因素模块”包括“译员心理素质”（出色的记忆力、坚强的意志力、快速的反应力、良好的镇静力、敏感的跨文化意识等）、“译员身体素质”（能进行长时间高强度脑力工作的身体素质等）和“译员职业素质”（口译设备的操作、口译工作的态度、责任心和职业道德等），这一模块虽然与口译员的先天素质有一定关系，但在口译教学中也不应忽视。

第二节 听辨能力的培养

一、听力理解的重要地位

在口译训练中，“听”是重中之重，却往往又是薄弱环节。以塞莱斯科维奇为代表的释意派口译理论将口译的过程概括为理解源语所传达的意念、脱离源语外壳记忆和用目的语表达源语含义三个阶段，其中理解源语所传达的意念是口译活动的基础，脱离源语外壳记忆信息是口译活动的必要准备，而用目的语表达源语含义则是口译活动的最终实现。准确的听力理解是精准表达的前提，没有准确的听力理解，后面的两个阶段无从谈起。现实工作中，很多口译中的错误也是源于听力理解的偏差或遗漏。因此，听力理解是口译过程中的第一步，也是口译过程中最重要的环节之一。

为什么说听力理解往往是不少口译初学者的薄弱环节呢？原因在于口译的听力理解与日常听力或考试中的听力有很大的不同。一般的听力注重泛听，即听清楚大意即可达到交流的目的；而口译中的听力有其特有的目的和要求，运用的技巧也与一般的考试技巧不同，对学生提出了更大的听力挑战。因而，有些听力水平中上的同学由于没受过口译的专门训练，在口译实践中仍然会表现逊色。

二、一般听力的心理过程

一般听力包括通过听觉系统接收语言声音信号的感觉阶段、分析和识别信号的知觉阶段和对各种意义的理解阶段。在感觉阶段，听觉系统接收外部声音信息，区分语言和非语言信号，并从语言信号中提取声学特征。该过程具有高度的自动性，包括生理和心理两种过程，人们通常意识不到，但自动性的基础是生理条件，自动性程度来自具体的语言经验。在知觉阶段，大脑对信号进行结构分析，从中辨别出音位、音节、词句等各种语言形式单位。这个过程非常复杂，涉及许多高级认知活动。各种研究表明，话语声音千变万化，声学特征和音位特征之间没有一对一的关系，但大脑利用各种信息进行自下而上、自上而下、自左向右、自右向左的期待、预知推理和判断等活动。在此过程中，音位、韵律、词、句、语篇等语言认知模式和各种非语言知识的认知模式都发挥作用。这个过程包括两种心理活动，一种是自动反应，另一种是在意识之中的控制性心理活动。两种心理活动之间没有明确的界限，前者是后者基础，对听力过程具有至关重要的作用。听力中的感知过程可以从以下五个方面分析。

（一）语音辨别

这是以感觉信息为基础的知觉过程，与一般知觉具有相似的特征。在该过程中，大脑将声学特征分析为语音特征，并根据语音特征辨别语音。该过程包含很强的认知模式的自动作用，具体体现于范畴性感知（categorical perception）之中，同时也体现于音位、韵律、词、短语、句、语篇、话题、一般知识等各种模式的综合自动作用之中。由于这些作用，相当一部分音不需要仔细辨认或者根本不需要辨认。如果每个音都需要仔细辨认，听力就会发生困难。

（二）词与词组的辨认

词与词组的识别依赖三种作用，一是音位和音节的自下而上的累积作用；二是词本身的整体模式作用；三是来自句法、语义、话题和情景的自上而下的作用。词和常用词组都是独立的单位，具有很强的整体模式作用，所以很容易被部分下层信息激活，也可也被上层信息激活。由于各种联想的作用，人们可以产生许多自动反应。在词的识别过程中，词义不仅是识别过程的产物，也可以帮助其他词的识别，并能使听者直接进入语义理解。如果每个词都需要仔细辨认，听力就会发生困难。

（三）句子感知与理解

在句子层次，感知与理解相互交错，心理活动的基础是外部信息和内部知识。外部信息指声音信号，内部知识指语言、逻辑、社会文化等各种知识。在此过程中，句子整体模式具有期待和分析框架作用，功能词和实词都能促使人们对句子成分和语义结构的自动反应，并进行有意识的分析。如果不具备这种自动反应，听力的速度就会受到影响，理解也会受到影响。

（四）语篇的构建

语篇结构包括局部结构和整体结构两种。局部结构的构建通过连接标记、照应关系、新旧信息关系、逻辑关系、话题等因素进行，宏观结构通过词句的联系和局部结构的连接进行。在构建过程中，各种分析方法都是具有模式作用的心理策略，语篇结构知识具有整体框架作用。语篇整体框架作用属于一种图式作用，图式的激活对信息的要求取决于图式本身的成熟程度、语言表达、体裁和题材等多种因素，其中话题和常用词语具有较好的激活效果。一个话题会立即引起某种整体模式的期待，一个常用表达法也可以使人们产生对这种结构的期待。语篇结构的模式作用不但有利于语篇的构建，也可以帮助词句的识别和语义的理解。

（五）语义理解

在构建语言形式的同时，听力者也在构建话语的命题结构，但命题意义是字面意义，不一定是说话人的意向性意义。为了了解说话人的意向性意义，听力者还必须理解间接意义。另外，说话者还必须从命题结构中理解新信息和预设意义等。这种理解过程需要掌握相关的交际规则和社会文化知识，通过这些知识结构的自动作用和有意识的分析活动理解话语意义。

三、积极听力与一般听力的区别

口译中的听力和一般场合的听力有明显的不同。一般场合的听力可称为“被动听力”（passive listening），因为听者只需听懂说话人的大意或关键内容以及他所感兴趣的内容从而做出选择、支持、反对等反应。这样的听力具有随意性，缺乏精确性。相比而言，口译中的听力是一种“积极听力”（active listening），译员不仅要听懂讲话人的意思，还要边听边积极分析，抓住讲话的主要内容（gist）、关键词（key words）和逻辑关系（logic links）。只有抓住这三样东西，译员才能把握住讲话人到底在说什么，讲话人是怎么说这件事情的，接下来讲话人会说些什么，对整个演讲的框架有一个清晰的认识。准确的听力理解为之后译者用目的语精确地表达出说话者所说的全部内容打下了坚实的基础。

四、口译听力对自动性的要求

以上介绍说明，口译听力与一般听力一样，需要语言知识和一般知识，并需要各种知识形成成熟的认知结构。口译听力与一般听力的差异说明，口译听力对知识和自动性的要求更高，具体表现在以下四个方面。

①口译时的交谈方式减轻了信号接收的难度，但同时也增加了理解的难度。听者每次只能听到一句或一段话，难以了解话语的全貌，不能利用话语的整体框架和内容帮助形式辨别和语义理解，也不能利用这种知识帮助翻译，有时甚至会导致翻译时的措辞不当。

②口译听力的目的要求听者注意话语的内容，全面细致地理解话语内容，容不得任何任意性。

③口译听力时，听者承受的心理压力比较大。心理压力不但会对意识内的过程产生影响，而且会对自动过程产生影响。自动过程存在于信号接收、音词辨别、句法分析、语篇结构判断、语义理解等各个方面，各种自动模式的作用可以形成综合效果，因而能减少音词辨别和语义理解方面的某些不足。

如果自动过程受到影响，听力的总体水平就会低于正常水平。

④口译听力时，听者在对一种语言进行感知和理解时必须用另一种语言进行翻译构思，也就是同一个信息处理系统需要同时进行两种活动和处理两种语言。这种听力性质不但增加了处理系统的负担，而且会产生两种语言和两种社会文化知识的相互干扰。

所有这些差别说明，口译听力对知识和自动性两方面的要求都高于一般听力。在知识方面，口译听力要求听者不但掌握一般知识，而且掌握两种语言和与两种语言相关的社会文化知识。在自动性方面，口译听力要求各种认知结构具有较高的成熟程度，产生广泛的自动反应，尽量减少在意识之内的心理活动。口译过程是一种复合性过程，口译听力只是口译过程的一部分，在注意资源有限和工作记忆容量有限的情况下，任何知识的空缺和任何一个层次的自动性的不足都会增加信息处理系统的负担，有时甚至会导致整个口译过程的瘫痪。以生词为例，如果口译听力中遇到生词，译者的大部分注意力都会集中到该生词上，因而影响其他感知和理解活动，也影响翻译思考；生词中每个音的仔细辨别会使每个音成为工作记忆中的一个单位，使只有七个单位容量的工作记忆处于完全饱和的状态，因而无法接收新的信号。从听力和口译思考两种不同的心理活动角度分析，如果听力过程中的自动性比较强，所节省的处理能力可以保证口译构思顺利进行。熟练译者之所以能“一心二用”，是因为他们掌握了所需的知识，并能进行大量的自动反应。他们的注意力不在于音词的辨别和词义的回想，而在于高层的语义的理解和口译构思。

五、口译听力的特殊性

①口译任务中，译员需要积极地聆听，边听边分析，学会预测。译员需要调动头脑中的知识储备，在听的同时，做出合理推断，积极预测下文。

②保持全神贯注，不能走神。任何话语的表述都是转瞬即逝的，保持全神贯注有利于对说话人想要传达的信息做准确的把握。

③一心多用，合理分配注意力。译员需要一边聆听讲话、一边做分析处理信息，一边脑记、一边记笔记，同时承担多重任务，因此就需要对注意力进行合理分配。

④口译的即时性，要求口译员对源语做出快速理解和即时反应。译员要能在很短的时间内完成听取信息、理解会意和逻辑分析，找出信息的逻辑层次和关系，将信息的全貌和重要细节有机地梳理和整合起来。

六、如何提高听辨能力

练好听力是学习口译的第一步，也是对不少学生来说最为困难的一步。在了解了以上提到的听力在口译训练中的特殊地位、口译积极听力的要领及口译听力训练的特点后，学习者可以通过以下方式尝试提高口译听辨能力。

（一）冷静沉着，高度集中

首先，进行口译听力训练时要做到注意力高度集中，保持冷静和自信，千万不要因为一个词没反应过来就慌了手脚，个别词没抓到或没听懂未必会影响对讲话的整体理解。这种良好的心理素质对于听力实力的培养和提高相当关键。消除紧张感、提高心理素质对于听力理解能够起到一定的帮助。

（二）把握中心，抓大放小

听讲话时要抓住讲话人表达的主干而不是旁枝末节，从而走出“听了后面，忘了前面”的怪圈。口译听力不是要记住讲话人说的每一个字，而是要理解讲话的主要意思，高效地对信息进行理解和分析，快速捕捉有效信息，并有意识的记忆。把握话语内在的逻辑关系，跟踪说话人的思维意向是理解话语语义的关键。

（三）口耳并用，听说并进

口译的听力是为“译”服务的，因此口译听力训练也不应该是单纯的听力或做题，而是应当听力输入和口语或书面的输出相结合。常用的练习形式有听后源语复述、听后目的语复述，听力加概述，听后用源语或目的语写小结等。建议将复述或概述录音，以便复听检查质量，寻找是否存在信息遗漏、错误或逻辑混乱。

（四）熟悉思维，了解文化

口译本身是为跨文化交际服务的，因此译员需要有跨文化意识，具体来说，口译学习者应了解英语思维方式和英美文化背景。由于东西方所处的生态、物质、宗教、社会等环境都有很大差异，因而产生了不同的语境，不同的语境又导致了不同的语言习惯、社会文化和风土人情。语言是文化和思维的载体，充分了解英语背后的英美文化和思维方式，可以帮助译员更好地理解讲话的内容。

（五）课内训练，课外练习

实践证明，只有通过大量的听力练习才能建立起语音反射的听力认知机制。仅仅依靠课内有限的时间是做不到的，需要增加课外练习，初始阶段需要保持每天 1 小时左右的听力训练量。听的内容要有计划地控制和调整，题材和体裁要逐渐拓宽，语音体裁要尽量广泛，以增强对各类主题讲话及各种讲话人的适应能力。

第三节　逻辑提取能力的构成与发展

一、一般口语构思的基本步骤

在面对面交谈中，话语构思包括许多层次的思考和不同的步骤。这些思考活动和步骤虽然略有先后，但互相穿插，几乎是同时进行。以典型的面对面的交谈为话语的基本形式，根据说话时各种因素的制约关系，人们在说话时必须首先考虑宏观的计划，然后在宏观计划的框架内考虑具体的词句。由于时间紧迫，人们也会采取拖延策略，在先支支吾吾的同时进行构思，然后开始正常说话。因此，常规的整体心理过程呈自上而下的方式，在说出第一个词时必须考虑好或同时考虑上层的计划，具体内容和理想化的顺序如下。

①确定说话内容，语言为功能服务，说话为目的服务，说话的前提是有话可说，有“思想”要表达，包括模糊的“思想”。

②确定话语整体框架，确定内容之后，说话人需要将内容条理化，根据情景语境中的各种因素确定话语的整体框架，例如主题、要点、逻辑性、时间长度等。

③确定主题的切入点，表达思想时首先确定切入点，以便确定第一句话的内容。

④确定第一句的框架，并在确定第一句话的内容之后，立即选择适当的句型结构。

⑤确定句中的词语，在句型框架内立即决定第一个词或表达法，然后边想边说，确定其他词语。

⑥对发音系统发出程序指令，第一个表达法确定之后，大脑立即编制发音程序，并将具体词句指令传达到脑皮层有关区域，使发音器官立即开始执行指令。

⑦获取反馈并随时进行必要的调节，在以上过程中，说话人还需要进行两项活动。一项是进行自我监听，并根据监听结果随时调整自己说话的音量、发音、语调等。另一项活动是利用自己的听觉系统和视觉系统监测情景语境中的各因素，尤其是听话者及参与者的表情、反应等，以获取反馈，并根据反馈调整自己的音量、发音、语调、措辞、内容等，必要时还需要中断谈话。

二、口译时的同步记忆

（一）口译记忆重在“记词”还是“记意”？

发言人每分钟的讲话速度通常在 120 ～ 150 词，几分钟的发言可能包含几百个词，如果记忆的对象是每个词，那几乎是不可能完成的任务。事实上，译员运用的主要是意义记忆的方式，即在听辨理解的过程中注意分析并整合发言人词语所表达的意义，把它作为记忆存储和提取的对象。

（二）口译记忆的运作方式

①听辨理解过程中的“有意识的”筛选以便缩小记忆的量，去粗取精，留存有意义的信息。

②对记忆的信息进行“条块化”（chunking）处理可以扩大记忆的容量。实验表明，通过“条块化”方式，对信息进行重新编码，删去无关紧要的信息，调整句子结构，把关联信息组成更大的“信息单位”，可以大大增加记忆的容量。口译的记忆主要采取以“命题”为单位的意义储存的方式。“以命题为单位的意义模块”可以包括一句话、一个语段，乃至一个语篇的意思。

③理解记忆及意义记忆是口译工作记忆的核心。译员一定要注意对源语意义的分析整合，并有意识地分析讲话者的思路，以便建立起记忆中各个意义模块之间的联系。

（三）口译记忆的原则

①口译过程中经选择后的记忆对象主要包括主题词、关键词、逻辑联系，这三者综合起来就构成了源语语篇的意义框架。

②为提高记忆存储的效率，有必要对记忆的信息进行“条块化”处理。

③口译记忆可以借助口译笔记的辅助，从而提高记忆的准确性。

（四）口译记忆的常用策略

一般来讲，记忆的效果与记忆材料的类型有一定的关系。比如逻辑关系清晰、结构紧凑的语料记忆起来就比较容易，记忆保持的效果也比较理想。另外，记忆的效果还与待识记语料是否具有形象性有关。人们对贴近生活实景的生动、形象的描述记忆起来会比较容易，印象也比较深刻。根据以上分析，口译记忆的常用策略有以下三条。

1. 视觉化记忆

视觉化记忆，也叫形象记忆，指译员在头脑里把讲话人所说的内容形象化，以增强记忆效果。视觉信息的记忆比言语信息的记忆能量大得多。实验证明，通过听觉获得的信息只能记住 15%，视觉获得的信息则能记住 25%，把视觉和听觉结合起来，就能记住 65%。如果译员能把源语话语信息以某种形象贮存，即对语篇所描述的世界构建起一个心理或情景模型，把记忆内容变成自己所感受的东西，而不是孤立地记住其词语，就能有效地减少所记忆材料的符号，使较少的符号或意象承载相对多的信息量。由于此种信息储存的方式生动，更符合短时记忆的特点，其保持的时间相应延长，而且更完整。此记忆法较适合对某种情形、环境、地理位置等的描述或介绍类口译材料的记忆。

2. 语义记忆

语义记忆是指通过源语讲话内容来激活储存在长时记忆中的相关知识图式，通过短时记忆和长时记忆的互动达到理解记忆。实验表明，人的大脑并不是被动地按原有的输入方式来储存信息，而是以一定的已有知识为基础，用加工编码的方式来储存信息。在口译信息编码时，为了减少承载的信息符号，应避免机械的代码转换。译员应充分利用语言外知识对源语进行“释意”，使用新信息去激活已有知识，从长时记忆中提取信息，使其参与短时记忆中的信息加工以减轻记忆负荷。当遇到篇幅较长，信息量较大，要记的内容较多的讲话时，译员要善于使新信息纳入已有的记忆网络中，将输入的信息和已储存的经验相联系。为了提高信息编码效率，译员要充分利用长时记忆的相关知识和相关背景的了解来理解和加工信息，以最大限度地承载意义。语义记忆有助于大脑获得连贯的语篇信息，使记忆的内容不会支离破碎，记忆的负荷也会随之减轻。该种记忆方法一般用来处理信息含量较大或专业知识性较强的发言材料。

3. 组合记忆

统计表明，由于结构较松散，在口语中存在大量的语气词和重复语，冗余性成分在 40% ~ 60% 之多。因此，为了提高记忆效果和记忆的准确性，译员在记忆信息时要善于归纳和概括，用精练的字句来表达庞杂的信息。心理实验表明，通过“条块化”方式，略去冗余信息，把关联信息组成更大的“信息单位”，将信息进行重新组合，这样可以大大增加记忆的容量。这种方法一般适合处理随意性较大、自由式交谈的谈话内容，或语篇连贯性较差、逻辑性不够强的发言材料。

口译记忆不是大脑被动地按原有的输入方式来储存信息，是对输入信息进行筛析加工和重新编码的过程。对同一段讲话，若使用不同的方式进行编码，记忆效果可能大不一样。因此，为了在有限的时间内处理好大量的言语信息，译员可根据不同类型的口译材料，选用不同的记忆策略。尽可能将输入信息与已知信息加以联系，使材料内容富有意义。并按自己的经验体系进行编码，以最大限度地减轻记忆负荷、减少识记符号、增大记忆容量，从而更充分地贮存和加工信息。

三、口译构思与一般口语构思之间的差别

口译是口语的一种形式，口译构思与一般口语构思具有共性特征，例如两者都必须按照自上而下这个总的原则，首先决定内容表达计划、句子框架、短语框架等，然后再在这些框架内决定具体的音词。如果时间不允许首先决定上层框架，译者也必须将框架问题与具体的音词同时思考。这种原则是语言的规则和线性特征所决定的，违反这一原则就会导致表达失败。但是，口译是一种特殊的口语形式，口译构思也具有自身的特征。

（一）内容来源不同

一般口语的内容由说话人决定，来源多种多样，有的是感官信息触发记忆结构而产生的，有的是内部动力因素激活记忆结构而产生的。人们可以用语言把看到的、听到的、闻到的、触到的内容向别人表达，也可以凭空想象讲述虚构的内容。与此相对照，口译构思的内容只能来自说话人和听觉渠道，不能来其他感官，更不能来自自己的内部记忆或思维过程，而且译者不能对所获取的信息进行任意更改或加入自己的主观见解。

（二）内容的组织不同

一般口语的内容在初始阶段非常模糊，构思的内容可能没有语言形式，也没有可以利用的组织形式。因而，口语构思时经常是白手起家，对原始的信息形式进行思维加工，使之逐渐成型，这种构思对认知能力的要求比较高。与此相对照，口译构思的内容是说话人已经决定的内容，而且在表达时已经过条理化处理。口译构思可以利用源语提供的内容条理性和语言形式。实验表明，抽象话题的构思难度大于具体话题的构思，理解的难度大于用语言表达的难度。

（三）内容与语言的关系不同

一般口语的内容在初始阶段形式不一，有的是命题，有的是表象，也有的是一种命题和表象的混合物。这些内容与语言的关系各不相同，例如命题与语言的关系密切，表象与语言没有关系。在口译时，信息只能来自语言感知与理解。语言感知和理解的结果通常是命题，命题是一种简略的语言形式，

虽然与表层结构不完全相同，但与之的距离并不太远。同时，由于双语间的自动反应，感知与理解过程也会导致大量语言表层形式出现在工作记忆中，例如词组、短语、句型结构等。

（四）同时进行的活动不同

一般口语构思与听话同时进行，两种活动用同一种语言进行，有时也可以只听不说。口译构思是口译过程中不可缺少的一个环节，必须与听话同时进行，而且涉及两种不同的语言。

（五）心理压力不同

在一般口语交际中，说话人也是听话人，角色互换比较随意，构思时没有心理上的压力。在口译中，听话和构思都是为了传递信息，构思的时间有限，构思的结果可以当场得到验证。因此，译者会因此感到较大的心理压力。

由于以上区别，在进行口译构思时，信息处理系统的负荷远远超过一般说话时的负荷。这种高负荷的状态迫使译者采用最快捷的处理方法，以减轻负荷和完成信息传递的任务。当然，最有效的减轻负荷的方法是增加自动过程和减少控制过程。

第四节　言语生成能力的构成与发展

一、言语的生成的过程与失误

（一）言语生成的过程

言语生成的过程不是用语言外壳套上现成的思想就能实现的，它需要在语言的帮助下于形成思想的同时也形成话语表述。根据维果茨基的理论，言语生成的内部过程主要由以下环节构成。

1. 言语表述动机

言语表述有三种类型：对话、独白和突发性激情言语。除“啊”“哎呀”这类突发性的激情言语之外，凡生成言语必有表述动机。所谓言语表述动机就是表达特定内容的需要，它是言语表述的起点和出发点，是思想产生必要的心理条件。表述动机主要有陈述思想、表示愿望、加强接触、表达感情、承诺义务或宣布结论等几类。

表述动机是言语理解转向言语生成的衔接点。它具有生成性质，也就是说它具有发送信息的潜势。这一点是它同言语理解过程中的言语感知和言语理解的区别所在，因为后两者只具有接受性，可见，表述动机的实质在于：交际者在言语交际过程中将自己置于说者地位的情况下，向对方的言语刺激所做的反应。

2. 语义初迹

言语生成内部过程的第二个环节是语义初迹。它是确定言语内容并形成未来言语表述基本格式的阶段。语义初迹是由表述动机触发的潜在的语义关系网络体系，它主要包括三个要素：形成思想的主题和述题、由义素构成的潜在语义以及一些潜在的语义关系，如时间、目的和对象等。这些要素是形成话语的基础，在心理上它们只是表述的一般主观意图，但说话者能够把这个主观意图转变为扩展的言语语义体系。

人们对语义初迹的结构存在着不同的看法。维果茨基认为语义初迹只具有压缩的言语表述的性质，但也有人认为实际的语义初迹要比维果茨基想象的复杂得多，迈考莱、雷可夫和罗斯等提出生成语义学，以语义为基础，并认为语义部分有生成能力。美国学者菲尔默提出格语法，把格功能作为深层分析中语义关系的基本信息。他们的观点对解释语义结构都具有重要的意义。

3. 内部言语和外部言语

语义初迹只是含糊的语义关系体系，义素尚未转化为具体的词汇单位，语法结构也没有形成。而在内部言语阶段，由于借助语言作为表达的物质材料，语义初迹才能转化为话语表达的清晰思想。在此阶段之前组成语义初迹的三个要素在内部言语阶段会相应地向以下方向过渡：首先，形成思想的主题和述题仍然存在，但已被压缩为述谓结构。其次，义素构成的潜在语义由词语来体现。最后，部分潜在的语义关系改由语法结构体现。这些过渡都是最终形成外部言语的必要条件。压缩的内部言语再经过扩展生成外部言语，即投入言语交际当中。长久以来，人们对语言的基本功能是什么一直存在着分歧，这表现在交际观和思维观之间的对立。这种分歧的根源在于各人对语言一词的定义有所不同。我们认为，内部言语的主要功能是对个体内部进行调节，即执行思维的功能；而外部言语则对社会中个体之间、个体与群体之间、群体之间关系的调节发挥作用，执行个体对外部的交际功能。实际交际过程中，二者相互配合，完成了语言的各项功能。

（二）言语生成过程中的失误

言语失误是不可避免的。本族语的言语失误非常有规律，可以将其归为转移、倒置、提前、延后、增加、删除、替代、混合等几类。“转移”指音段从它该出现的地方转移到它不该出现的地方；“倒置”指双重的转移，即两个语言单位互换位置；“提前”即把后面的音段提到前面；“延后”即把前面的音段延缓到后面；“增加”即增添了一些语言材料；“删除”即略去了一些语言材料；“替代”指一个部分被另一个部分所取代；“混合”即把两个项目混成一个。

由此可见，言语失误有一定的规律性。比如卡罗尔认为：①言语失误所生成的结果仍然符合所观察语言的语音规则。如在混合性失误中，“spanked”与“paddled”混合可生成“saddled”，但生成不了“spankddled”；②音节的对调只能在相同的位置上发生，音节的开始、中间和后面只能和相应的开始、中间和后面对调。如中间音素的对调，把“beast of burden”说成“burst of baden”；结尾音素的对调把“night life”说成“nife lite”；③在每一句话语里，言语失误一般只在语言层面上发生。

言语失误的根本原因在于：一方面，言语生成是一个复杂的过程；另一方面，人的长时记忆并不总是可靠的，人的工作记忆又非常有限，言语失误因此不可避免，同时也是有规律的。既然说母语的人也犯这些错误，说外语的人肯定也会犯这些错误，但外语学习过程中的错误和母语中的言语失误有本质的区别，它们不存在是否符合上述失误规律的问题。比如，外语学习者有可能会发出一些目标语言中不存在的但母语中存在的语音，学习者也有可能会在多个语言层面上同时犯错误，既不符合发音规则也不符合句法规则的错误并不少见。根据理查兹的研究，绝大部分外语学习过程中的错误来自对目标语的理解和消化不够，它们主要表现在三个方面。一是过度概括：和母语习得一样，学习者根据所接触的语言材料对语言结构做出某种概括，但对这种概括所使用的范围并不清楚，而将它们用在不该用的结构上。二是应用规则不完整：要产生某些句子结构，往往需要应用不止一条规则或者在不同程度上应用一条规则，而学习者往往不能全面了解和应用规则。三是形成错误的概念：学习者往往对所学语言的特点形成一些错误的理解，这些错误往往源于教科书或教师本人的讲授。这三方面的错误不同于成人母语的言语失误，是语言学习过程中的错误。

外语学习过程中的错误和言语失误有密切的联系。导致言语失误的那些因素也必然在外语的言语生成过程中起作用，其结果是，胆大的学习者一开口，我们听到的似乎全是错误，而胆小的根本就不敢开口。由于文化因素的作用，我国外语学习者尤其“羞于启齿”。言语失误的研究告诉我们：言语生成是一个复杂的过程，失误在所难免，应该敢于启齿；言语失误的研究同时告诉外语教师，对待学生的失误应该宽容。

当然，宽容并不等于放纵。具体来讲，我们首先要排除对待错误两种极端的态度。一种是有错必纠的态度，认为学习语言就要养成个好习惯，要把坏习惯消灭在萌芽状态中。一种是听其自然的态度认为只要多说，错误便能自行消失。有错必纠的教师往往不管语言表达的内容，死盯住学生的语言错误不放，结果是大大挫伤学生语言表达的积极性。听其自然的教师往往只注意语言的流利性，忽略语言的准确性，对学生的任何错误都撒手不管，结果是学生的语言表达很难超越“洋泾浜”英语水平。其次，我们需要了解外语学习的过程，需要了解言语生成的过程。只有这样，我们才能比较好地解释、分析错误产生的原因，才能不走向简单的极端。

外语学习的过程是一个漫长的内在化的过程，涉及多种复杂的因素。学习者从开始只会母语到最后掌握一种新的语言，需要经历许多阶段。在这些不完善的阶段中，学习者所使用的语言既不是母语的翻译，也不是将来要学好的目标语，而是处于两种语言之间的一种中介语（interlanguage），学习者所犯的错误可以说是发展中的错误，是走向完善的路标。不同的“路标”表示不同的中介语发展状态。科德的语言错误分类方法符合这种发展的观点，对教师如何处理学习者的语言错误有重要的意义。

科德把语言错误分为三类。第一类错误是形成系统前的语言错误。这些错误表明学习者仍然处于摸索阶段，对所学语言的规则感到模糊，但为了表达，只好从已知的语言素材中搜罗一些手段以仓促应付。学习者既无法解释为什么使用这些错误的语言形式，也无法改正它们。教师对这些错误只好采取包容的态度，不必详细解释，否则会对眼前的交际任务形成过多的干扰。但是，如果教师不做任何表示，学习者也会误以为自己对了。所以教师应略做表示，最好是用相应的正确说法重复一遍。

第二类错误是系统的语言错误。这些错误表明，学习者对语言规则做出了错误的假设，并反复使用这些假设。其特点是，学习者能够解释他所使用的语言形式，但不能自行改正。教师对这类语言错误应示以正确的说法，并做些解释，以提供及时的帮助，使学习者更快地形成完整的概念。当然，在什么时候及什么场合解释这类错误，或以什么方式解释都是些值得考虑的问题。

第三类错误是形成系统后的语言错误。这些错误表明，学习者已正确掌握了某一语言规则，但由于暂时的遗忘，所以仍然会犯错误。这类错误的特点是，学习者既能解释，又能自行改正。教师对这类错误只需稍加提醒，而无须多做解释。如果这类错误过多，教师应该提供更多的语境，让学习者有更多的机会使用这些语言规则。

总之，言语失误是言语生成过程中的失误，不可避免，也没有必要纠正；外语学习中的错误是从母语走向双语过程中的错误，是可以逐渐避免的错误。但是，言语失误的研究告诉我们，教师应该善待外语学习过程中的错误，对待具体错误的态度以了解言语生成的过程和外语学习的过程为前提。

二、言语生成能力与口译能力培养的关系

口译能力的培养一直是翻译教学中的难中之难、重中之重，以下我们将由言语生成的三个阶段入手，讨论其中影响学生口译的部分因素。

首先，翻译学习者自身往往受到母语影响，语法学理论一般认为：第二语言学习者缺乏语言习得所需的至少是不充分的语言环境，因而很难形成相应的表述动机。第二语言学习者的表述动机仅仅是生成言语的出发点和起点，它虽然具有生成性质，却只是一种心理潜势或称交际需要。因此我们认为，翻译学习者在母语环境和其他外界条件的刺激下只要策略得当是有可能形成相应的表述动机的。

其次，言语生成的第二个阶段即语义初迹也还只是模糊的语义关系体系，在这一环节当中，具体的词项尚未插入，语法结构也尚未形成。使用不同语种的人在表达相同语义内容时其语义初迹阶段的表征应该是大致相同的，不同语言在表达相同语义内容的情况下，最终言语产品在语言形式上的差异可以不影响深层的语义结构。由此，我们认为，言语生成过程当中的语义初迹阶段并不包含影响第二语言学习者口头表述的关键因素。

再次，在内部言语阶段，由于借助语言作为表达的物质材料，具体语言之间的差异才显现出来。第一，形成思想的主题和述题被压缩为述谓结构，汉语注重意合，句子中的主题一般为主语，而英语注重形合，句中的主题不一定是主语（如英语中的强调句和存在句）。第二，内部言语阶段，原先由义素构成的潜在语义改由具体的词语来实现，即涉及词项的插入，每个语言都有一套特定的、独一无二的词库，这就使得不同语言在词汇方面存在着千差万别。英汉两种语言在词汇方面的差异往往构成第二语言学习者口头表述方面的主要障碍。第三，内部言语阶段的部分语义关系已由语法关系来实现，英汉语在具体实现的过程上也是存在差异的，例如英语中名词的复数意义由表示复数意义的语素来体现，而汉语中则没有专门表示复数意义的语法手段，因为汉语是公认的无形态语。可见英汉两种语言在语法结构关系上的差异也是导致第二语言学习者口头表述困难的重要原因之一。

最后，在第二语言学习者将内部言语转化为外部言语的过程中，还要解决所谓的线性化问题。线性化问题指的是第二语言使用者表达复杂信息的先

后次序，即要决定先说什么，后说什么，等等。它是传统修辞学中的一个论题，受过教育的说话人都特别注意对所表达的信息进行排列和安排。有时候两个命题的不同排列会产生很不相同的效果。通常人们对话语的排列和安排是遵循一定的组织原则的，这些原则主要有自然次序原则和过程原则等。自然次序一般指的就是事件的年代次序，除非说话人特别说明，交谈者都假定对方所提及的次序是年代次序，第二语言学习者较易习得年代次序，口头表述中对其使用的频率也较高。在没有自然次序的情况下，特别是当说话人要表达一个多维度知识结构时，与过程有关的线性化原则就会较明显。第二语言学习者在口头表述过程中较易忽视话语的条理性和连接性，口语教学当中应予以重视，适当地加强这方面的训练。

三、口译言语生成能力

（一）言语生成的宏观计划能力

语言生成是一个非常复杂的过程，对于要进行口译的中国学生来说尤其如此。我们的外语学习者在口头表达能力方面存在很多弱点，包括语音和语调、词汇和语法以及谋篇布局等方面，其中需要对谋篇布局进行特别强调。这是因为：第一，谋篇布局似乎和外语学习没有关系，常常被人忽略；第二，谋篇布局是表达意图的关键因素，书面的写作如此，口语的交际也如此。谋篇布局上的弱点表现在两个方面，一是信息的丰富和准确程度，二是信息的条理性。其中第二点尤其重要。

言语生成的宏计划涉及信息的内容和组织，将意图分解成一个个次目标，并将这些次目标转换成言语行为；宏计划和具体的语言没有关系。由于谋篇布局在莱维勒的言语生成模型中主要是生成言语行为的宏计划阶段的任务，因此这种能力应该是语言间共享的能力，应该可以从母语转移到外语中。但是，如果一个人的母语谋篇布局的能力不够，那么他的外语谋篇布局的能力就很难好到哪里去；如果这个人正在学习外语而不再有专门学习或锻炼母语能力的机会，那么外语教育的任务之一就是提高这种谋篇布局的能力。外语谋篇布局能力的加强应该能够帮助提高母语的谋篇布局能力，因此是一举两得的事情。

了解言语生成中的宏计划过程有助于我们从宏观的角度提高言语生成信息的条理性。宏计划就是用言语行为来实现交际意图的整体计划。大脑制订宏计划至少需要考虑以下五个方面的问题。一是对听话人的了解。说话人往往根据他对听话人的了解以及他和听话人的关系去决定使用哪一种语体，是用命令的言语行为，还是用请求或陈述的形式。在谈话的过程中还涉及第三者，怎样称呼第三者，说话人也要根据他对听话人的了解而决定，如可以把同一个第三者称为“你丈夫”“你老板”“你同学张明”等。二是合作的原则。说话人期望听话人相信他们是遵循合作原则的，也就是说他们会努力提供信息，说真实的、有关的、清楚的话语。如果有意违反某一条准则，那就必然有别的说话意图。三是现实的原则。说话人期望听话人相信他们所谈到的事实、情况、状态都是可以理解的、合乎常理的。因此“鳄鱼皮鞋”是指“用鳄鱼皮做的鞋子”，而不是“给鳄鱼穿的皮鞋”。四是社会语境。说话人在不同的社会语境中常常需要使用不同的词，比如正式的场合往往需要使用正式的用语，非正式场合需要使用非正式用语。五是供说话人使用的语言手段，包括各种语言手段（如修辞手法）和非语言手段（如身体语言）。

制订宏计划还包括制订语篇计划。说话人必须首先决定他们准备参加什么样的话语活动。他们是在讲故事，还是在和别人会话？是在描写一个事件，还是在争论一个观点？不同的语篇需要有不同的结构。篇章理解的研究告诉我们，故事性的结构和论证性文章的结构有很大区别。从言语生成的角度看，结构上的最大区别还在于多人参与的会话型语篇和一人参与的独白型语篇。

多人参与的会话型语篇所要解决的宏计划问题是：参与会话的人怎样使他们的话语互相配合，以达到交际的目的？会话的过程牵涉到怎样开始一段会话、怎样轮流说话、怎样结束一段会话。要开始一段会话，一方必须引起另一方的注意，表示要进行会话的意图。要结束这段会话，会话双方需要互相协调想法，表示是否该结束。一般来说，一方会采取一种结束前的陈述（pre-closing sentences），如“好吧”“Okay”等，以表示话题谈得差不多了。另一方则会提出另一个未讨论的题目，或同意结束谈话。会话的核心部分是怎样轮流说话。轮流部分有些基本的要求，如每一方都要有机会说话；每次只能由一个人说话；轮流说话时间歇不能太长，讲话的次序和分量不做事先决定。必须有些说话技巧以决定谁在什么时候说话，例如说话人对谁说话，就应轮到谁说话；如果说话人没有明显对谁说话，那么机会就会给先说话的人，如果在别人还没有说话前，说话人接着谈话，那么别人就会让他说。

只有一人参与的独白型语篇有不同的宏计划。如果是描写性的语篇，宏计划必须考虑这样四个问题。一是描写的层面问题。二是描写的内容问题。决定了层面以后，我们还要决定哪些东西应该包括在描写范围之内。懂得舍弃是言语计划的前提，我们不可能在描写公寓时将公寓中的每个细节都包括在内。三是描写的次序问题。内容决定了以后，我们还要决定用什么样的次序来表达这些内容，由大到小？从左到右？由近到远？或由重到轻？四是描写的关系问题，即被描写的各个部分有什么关系。

谋篇布局能力弱主要表现在以下这些方面：①信息不全，该出现而漏掉的信息比较多。②信息层次混乱，描写或叙述的层次有时抽象有时具体，没有规律，非常随意。③信息内容选择不妥。尤其在论证性表述中，重要的内容没有选择，不重要的细节可能啰唆了半天，想到什么就说什么，让人难以明白说话人的意图所在。④信息安排的次序不妥。⑤信息的关系不清。尤其是在论证性的表述中，不考虑所说的话之间有什么关系，随口“乱说”。要加强谋篇布局的能力，外语学习者就至少需要在这几个弱点上多下功夫，克服随口“乱说”的语言习惯。

（二）直接利用源语的能力

由于口译的即席性，译者的心理活动通常遵循经济原则或最小负荷策略，直接利用源语的结构进行构思，也会直接使用对等词进行翻译。这种处理方法属于直译，与意译相对。直译属于语言之间符号的直接转换（interlingual exchange of signs），分为两种：一种是以源语句子结构为框架的词对词翻译（word-for-word translation），另一种是以译入语句子结构为框架的词对词翻译（literal translation）。意译属于一种意义转达，即经过源语形式与意义的分离和意义与译文形式相结合的两个过程的翻译。根据各种研究结果分析，翻译是一种直译与意译的混合过程，包括直译与意译两种形式。在口译中，双语间存在大量的自动反应，直译是这种自动反应的结果，主要表现在词句层次。直译的主要表现有多种，如：

第一，接收源语词句之后立即译出没有困难感，花费时间较少。

第二，遇到隐语性和习语性源语时进行直译。这种直译的原因很多，有时是自动反应，译者觉察不到；有时是语言能力不够，不得已而为之。

第三，译者在思考时使用首先想到的一些译法，如见到英语“president”后首先想到“总统”。

第四，构思过程产生自动联想，使记忆中的对等词汇激活，因而导致对等词汇的直译。

通过自动反应而进行的直译有利也有弊。直译的优点是省力和快捷，例如在两种语言结构相似时，译者可直接利用源语的语篇框架、句子结构、短语组成方式和词序，从而简化构思过程，减轻大脑的负担。直译的弊端是容易导致翻译错误，当源语结构与译入语结构相似但又不完全一致时，源语的形式结构容易对译者产生误导，形式相似而意义不同的习惯用法容易使译者落入“圈套”。这种情况下的直译会导致译文与原文在语义方面的差别很大，尤其是在社会文化意义方面。有经验的译者了解语言之间的区别，会主动排除心理经济原则的驱使作用，尽量取得较好的翻译效果。他们的方法是以意译为主，直译为辅。有关研究表明，直译在原始翻译能力中居多。这说明双语间的自动反应对译者具有很强的束缚力，要挣脱这种束缚译者必须具有较高的翻译能力，能对自动反应的内容进行鉴别。

参考文献

[1] 陈可培，边立红 . 应用文体翻译教程 [M]. 北京：对外经济贸易大学出版社，2012 .
[2] 窦坤，桑元峰 . 大学英语教学的实践哲学 [M]. 北京：光明日报出版社，2013 .
[3] 高宁 . 翻译教学研究新探 [M]. 天津：南开大学出版社，2014 .
[4] 郭富强 . 英汉翻译理论与实践 [M]. 北京：机械工业出版社，2004 .
[5] 黄建滨 . 英语语言与翻译研究 [M]. 杭州：浙江大学出版社，2016 .
[6] 黄敏，杨元刚 . 英语翻译基础 [M]. 武汉：武汉大学出版社，2012 .
[7] 黄忠廉，方梦之，李亚舒 . 应用翻译学 [M]. 北京：国防工业出版社，2013.
[8] 廖国强，江丽容 . 实用英汉互译理论、技巧与实践 [M]. 北京：国防工业出版社，2011 .
[9] 邵志洪 . 新编英汉语研究与对比 [M]. 上海：华东理工大学出版社，2013 .
[10] 谭载喜，胡庚申 . 翻译与跨文化交流：积淀与视角 [M]. 上海：上海外语教育出版社，2012 .
[11] 田式国 . 英语教学理论与实践 [M]. 北京：高等教育出版社，2001 .
[12] 王成云，闫红梅 . 汉英翻译理论与实践 [M]. 北京：人民日报出版社，2015 .
[13] 王晓农 . 汉英翻译理论与实践 [M]. 青岛：中国海洋大学出版社，2012 .
[14] 夏康明，代礼胜 . 汉译英理论与实践——跨文化视角下的汉英翻译研究 [M]. 成都：四川大学出版社，2014 .
[15] 赵广发，胡雅玲，薛英英 . 英语实用文体翻译理论与实践研究 [M]. 北京：中国水利水电出版社，2016 .